女子高生とJKツッコミながら読む古事記

JN205693

佐伯庸介

まえがき

　最初に言っておきますと。

　この本のコンセプトはあくまで『古事記を面白がって読む』である。娯楽物語として古事記を楽しむための本として、この本を書いた。もちろん、古事記の現代語訳としてきっちり実用に足るように書いており、嘘は書いていないのでご安心いただきたい。

　そう、古事記は面白いのである。特にこの本で扱う上巻……神々の時代はエンターテイメント性に富んでおり、神様のダイナミックな活躍が楽しめる。

　というのに、古事記に親しむ子供たち、というのはあまり増えてこない。

　前々から、幼年向け、少年向けの現代訳は数多くあるのに、なぜ子供たちに流行らないのか。自分はその理由のひとつに『共感性の無さ』があるのではないかと思っている。

　文章云々以前に、神さまが当時（８世紀）の常識で行動する上に、神さまならではのYARISUGIムーヴが加わるため、現代の我々からしてみれば、

「やりすぎじゃん？」

「なんでこんなことするんだこいつ……」

みたいになってしまうのだ。エンターテイメントにおいてキャラクター（と神さまに言うのは失礼だが）の不可解な動きはアクセントには成り得るが、キャラの大多数にそれをやられると『ワケ分からん話』になってしまうのである。

　そんなわけで、この本においては読者の価値観に寄り添う主人公としてのJK……元田紬紀ちゃんが、古事記を読んで思うことを遠慮ゼロで神さまに突っ込みまくる……という真面目な古事記研究者の方々には怒られそうな構成になっている。怒られたらやだなあ。今のうちに謝っとこう。ごめんなさい。なお、彼女の言葉遣いは今

時のJKとしては少し古いかも知れない。しかしそれは、舞台である島根県のような田舎には流行が遅れて届くという法則のためだ。柳田国男先生もそう言っている。お見逃しいただきたい。

　ともあれ。再度言うけれどこの本のコンセプトは『古事記を面白がって読む』である。日本最古の歴史書であり、文学作品でもある古事記を面白く読みたい人は、是非とも手に取ってもらいたい。

　そして、大多数が古事記の知識を共有しているような世の中になればいい。

　将来的には、子供たちがうんこと聞けばスサノオを連想する、くらいに古事記のエピソードが広がればいいな、と思う。そんな将来の一助に、この本がなれれば成功と言えよう。

　もちろん、古事記における日本神話のエピソード、神々のデータを押さえたいという方にもお勧めである。現在は様々なメディアや作品で、日本神話由来のアイテムやキャラクターが多数存在する。元を知っているといないとでは、感じ方もまた違うはずだ。

　それでは、ライトノベルでも読むつもりで、肩の力を抜いて楽しんでほしい。

令和元年

著者

古事記：序文によれば712年に成立した歴史書。文学的な評価もとっても高い。
柳田国男：日本を代表する民俗学者。言葉は中心地から円状に時間差で広がっていったとした。

凡例

・この本は「古事記」の現代語訳に著者による補足を加えて構成した本です。

・原文、書き下し文、現代語訳は『角川ソフィア文庫　新版古事記　現代語訳付き』『古事記　神話と天皇を読み解く』を主に参考として訳した。

・本分の現代語訳文については、複数の訳を参照（参考文献参照）し、原文と見比べて著者が現代語訳した。

・本文において、系譜などの神名が羅列されていたりする箇所は、物語の流れを保つため、別にまとめた。

・神名表記は、最初に文章に登場する時のみ漢字表記し、以降は分かりやすさのためカタカナで表記している。

・登場する神の意味、司る事柄については、参考文献にある複数の資料から、著者が選択した。

・原文の文注は、本書の本文上では書き方を区別していない。

・和歌・歌謡については書き下し文と現代語訳を両方載せている。

・原文において意味が飛んでいたり、つながりが不明な箇所は、著者の判断で行間を埋めている。登場神などの心理においては、原文にある以上の脚色は控えた。

・本文中における「月読」と「元田紬紀」との会話文パートは、著者独自の解釈によるものである。

目　次

凡例 ・・・ 5
プロローグ ・・・・・・・・・・・・・・・・・・・・・・・・・・・・・・・・・・・・・・ 10

1● 古事記序文

序文 ● 安万侶、過去について語る ・・・・・・・・・・・・・・・・・ 14
序文2 ● 天武天皇の歴史整理命令 ・・・・・・・・・・・・・・・・・ 17
序文3 ● 元明天皇、古事記を作らせる ・・・・・・・・・・・・・・・ 19

`オモイカネの` 古事記の成立と『帝紀』『旧辞』について　21

2● 天地と生死

世界の始まり ● 現れる最初の神さまたち ・・・・・・・・・・ 22
次々生まれる神 ● 神世七代ってどんな世代？ ・・・・・・・・ 25

`オモイカネの` 神世七代の神々　27

海に矛差してぐるぐる ● 豪快な最初の島作り ・・・・・・・・ 28
二神の結婚 ● ちょっと気軽に誘ってみた！ ・・・・・・・・ 30
新婚 ● 初出産での失敗。神さまでも失敗する ・・・・・・・・ 32
占いで国生みやり直し ● 天の神様の言う通り ・・・・・・・・ 34
国生み本番 ● 神くらいになると島を生む ・・・・・・・・ 36

`オモイカネの` 国生みで生まれた島の神さまたち　38

神生みブーム ● 自然はナギナミ夫婦が生んだ ・・・・・・・・ 39

`オモイカネの` 神生みで生まれた神たち　42

愛する妻の死 ● イザナギ、最初のDVをかます ・・・・・・・・ 43
黄泉下り（行き）● イザナギ黄泉の国へ ・・・・・・・・・・・・・・ 46
黄泉下り（帰り）● ブチ切れ妻から夫逃走 ・・・・・・・・・ 48
黄泉下り（お別れ）● 日本初の夫婦喧嘩 ・・・・・・・・・・・・・ 51
禊祓 ● またしてもどんどこ生まれる神さま ・・・・・・・・ 54

`オモイカネの` イザナギの禊祓で生まれた神々　57

3 ● 三貴子騒動

三貴子　世界を任される三姉弟誕生？！ ・・・・・・・・・・・・・・ 58

アマテラスとスサノオ　弟の来訪に姉大慌て ・・・・・・・・・・・・ 61

誓約　姉弟の子作りは道具と歯を使う ・・・・・・・・・・・・・・・・・ 63

オモイカネの　誓約の神々　　　　　　　　　　　　　　　　 65

スサノオ大暴れ　アマテラス、弟をかばう ・・・・・・・・・・・・・ 66

天岩戸（入る）　お姉ちゃん、引きこもる ・・・・・・・・・・・・・・ 69

天岩戸（出る）　アマテラス、大騒ぎを覗く ・・・・・・・・・・・・ 72

オモイカネの　天岩戸の際に使われた道具と集まった神々　 75

スサノオの追放　スサノオくん、反省が無い ・・・・・・・・・・・ 77

八岐大蛇　スサノオ、追放されて親戚に会う ・・・・・・・・・・・ 80

八岐大蛇の見た目　あまりにでかい！ ・・・・・・・・・・・・・・・・ 83

八岐大蛇退治　スサノオ、大怪獣と大決戦！ ・・・・・・・・・・・ 86

スサノオの宮殿作り　初めての神社と和歌 ・・・・・・・・・・・・・ 89

オモイカネの　スサノオの系譜　　　　　　　　　　　　　 91

一旦休憩。JK、神さまにちょっと詳しくなる ・・・・・・・・・・・・・・・・・ 92

4 ● 大国主の恋

因幡の白兎　兎、騙したらしっぺ返しを食う ・・・・・・・・・・・ 96

二柱の女神　フラれた腹いせで迫害される弟 ・・・・・・・・・・ 101

しっこい八十神　弟、またしても迫害される ・・・・・・・・・・ 103

根の堅州国　超スピード婚！　神の恋愛は突然 ・・・・・・・・・・ 105

スサノオの試練　急に現れた婿をいびる義父 ・・・・・・・・・・ 107

スサノオとの雪解け　とうとう婿を認める義父 ・・・・・・・・・ 109

オモイカネの　黄泉比良坂がつなぐ黄泉国と根の堅州国　 114

八千矛神の恋の歌　プレイボーイの本領発揮 ・・・・・・・・・・ 115

スセリビメ嫉妬する　喧嘩も仲直りも歌で！ ・・・・・・・・・・ 118

オモイカネの　オオクニヌシの系譜　　　　　　　　　　 121

5 ● 葦原中国

国作り ● オオクニヌシ、スクナヒコナと会う ・・・・・・・・・・・ 122

国作り続行 ● 新たなる協力者も海から来る ・・・・・・・・・・・・・・ 125

オモイカネの 大年神の子孫 128

高天原と葦原中国 ● アマテラスの国譲り要請 ・・・・・・・・・・・ 129

地上平定失敗 ● 第二の使者、アメワカヒコ ・・・・・・・・・・・・ 131

アメワカヒコの失敗 ● そそのかされて大惨事 ・・・・・・・・・・・ 133

還し矢と雉の濡れ衣 ● 続く悲劇。交渉決裂？ ・・・・・・・・・ 135

神の葬式 ● 鳥さん大活躍の葬式と弔問客 ・・・・・・・・・・・・・・ 137

葬式大混乱 ● 死人と間違えられて大いに怒る ・・・・・・・・・・・ 139

再び高天原 ● とうとう本格的侵攻！　軍神登場 ・・・・・・・・・ 141

コトシロヌシの服従 ● 凄い体勢に思わず降伏 ・・・・・・・・・・・ 143

建御名方神との戦い ● 天津神VS国津神！ ・・・・・・・・・・・・・ 145

オオクニヌシの服従 ● 国譲りの条件は大豪邸 ・・・・・・・・・・・ 148

オモイカネの 天津神と国津神 151

JK、国作りの苦労に思いをはせる ・・・・・・・・・・・・・・・・・・・・・ 152

6 ● 天孫地上へ

天孫降臨 ● 生まれてすぐ仕事の災難な天孫 ・・・・・・・・・・・・・ 156

猿田毘古登場 ● 天孫、お婆ちゃんに救援要請 ・・・・・・・・・・・ 158

天孫一行 ● アマテラス、孫にたくさんお供を付ける ・・・・・・・ 160

天降り ● ニニギ、すごい勢いで地上へ降りる ・・・・・・・・・・・ 163

猿女君の誕生 ● アメノウズメの新婚旅行 ・・・・・・・・・・・・・・ 166

海産物の服従 ● アメノウズメ、手段がコワイ ・・・・・・・・・・・ 168

天孫の結婚 ● ニニギ、美人さんを見つけ求婚 ・・・・・・・・・・・ 170

天孫のやらかし ● ニニギ、子孫に寿命を作る ・・・・・・・・・・・ 173

天孫の子供 ● 嫁、怒りのエクストリーム出産 ・・・・・・・・・・・ 175

オモイカネの 神の称号 177

7●天の御子たち

海幸と山幸●狩り兄弟、道具で仲たがいする ・・・・・・・・・・・ 178

塩椎神の助言●ホオリ、神さまに悩み相談 ・・・・・・・・・・・・・ 181

ワタツミの宮●ホオリ、初訪問で奇行に走る ・・・・・・・・・・・ 183

トヨタマビメとの結婚●神の恋愛は速度重視 ・・・・・・・・・・・ 185

ホオリの悩み相談●やっとこ目的を思い出す ・・・・・・・・・・・ 188

海神の教え●ホオリ、仕返しの方法を学ぶ ・・・・・・・・・・・・・ 190

ワニの出世●サメ、タクシー役で成り上がる ・・・・・・・・・・・ 192

ホオリVSホデリ●仕組まれた兄弟対決 ・・・・・・・・・・・・・・・・・ 194

海の女神の出産●イザナミ以来の覗き禁止 ・・・・・・・・・・・・・ 196

夫婦の歌●別れても想い合う二柱、愛の歌 ・・・・・・・・・・・・・ 200

神倭伊波礼毘古●ついに初代天皇登場 ・・・・・・・・・・・・・・・・・ 202

エピローグ ・・・・・・・・・・・・・・・・・・・・・・・・・・・・・・・・・・・・・・・ 205

この本に登場する主な神さまと人物 ・・・・・・・・・・・・・・・・・・ 208

巻末神さまリスト ・・・・・・・・・・・・・・・・・・・・・・・・・・・・・・・・・ 221

参考文献 ・・・ 227

プロローグ

「うえええええ…………参ったよぉ～」

　片側に海を臨む道路に停まったバスから、ひとりの少女が唸りながら降りてくる。
　ここは島根県の片隅。津酌。三方を山、一方を海に囲まれた町である。町といっても、昔は村や集落と呼ばれていただろうし、今も規模的にはそんなもんである。
　県庁のある町までバスが出ているし、住民の大部分は車を持つ時代なのでそこまで不便でもないが、田舎かどうかで言えば当然田舎。大昔から変わらずあることのみが特徴。そんな町だ。
「どーしよ……コジキなんて読んだことないって～課題とか言われてもさぁ～」
　ぶちぶち言いながら道を歩くのは、一見してギャルと呼ばれる人種だ。明るく染めた髪に、軽い化粧と適度に着崩した女子高の制服。この田舎町にも、そういう流行は入ってくる。少し周回遅れで。
　半泣きの瞳が、坂を下った先、海に向かって口を開けた石鳥居を見た。
「そーいえばコジキ？　ってったらカミサマか……。おし」
　ギャル少女はふんすと肩を怒らせ、鳥居横の手水所をスルーし、鳥居をくぐってのしのしと参道ど真ん中を歩く。
「うひ！　百円しかないよ。もったいな！　……うぎぎ」
　ぷるぷると震える手つきで硬貨をつまみ、涙目で賽銭箱に落とす。ぺしぺしと手が打ち付けられ、
「カミサマ～なんとかして～。コジキ？　とかいうの読んで感想書かなきゃなんだって～。めっちゃ漢字で意味分かんない～。地域学習？

島根県：古事記で多くの分量を占める出雲地方を抱える県。古事記ゆかりの土地やお祭りがたくさんある。

とかいうのでさ〜。くそ〜、こんなド田舎に生まれたせいで〜」
　途中から恨み言に変わっていった願いが終わるころ。少女の背後で咳払いの音がした。
「——何から何まででたらめだな、娘」
「？　だ〜って、年末年始と春のお祭りん時くらいだもん、神社来るの……」
　苦々しい、を音にしたような苦言に、少女は涙目のまま振り返る。
「汝らが我々に捧げるため決めたモノなれば好きにやればよいが、それにしても作法というものがあろう」
　長く美しい黒髪を垂らした、端正な顔立ちの青年だった。だが格好はと言えば、黒と蒼の筒袖に袴、そして長い帯。言ってしまえば、古代日本の正装をきらびやかにしたような、令和の現代ともなれば時代錯誤なものだ。
　しかし、それを見た少女の感想はこうだ。
「めっちゃキレー！　イケてんね！　今日何かイベント！？」
「い、いべんと？」
　困惑するのは青年のほうだった。少女はくるくると彼の周りを回って、
「うっわ髪もキューティクルやばいわ。シャンプーとコンディショナー何使ってんのこれ。しかもイケメンだし。誰ん家の親戚？」
　だいたいどこそこの家、と言えばああはいはい、と思い当たってしまうような規模の町だ。
「一応、ここが我が祭殿だが……」
「え？　神社の人！　うわバッチじゃん！　御利益速攻過ぎない！？」
　少女は青年の手を握ってぴょんぴょん跳ねる。

古代日本：日本では3世紀〜平安時代くらいまでを指す。古事記成立も古代。

「ちょっと教えて欲しいことあんだけど！　私、元田紬紀ってゆーの！　そっちは！？」

　勢いに押されるように、手を上下に振られるがまま、青年は答える。

「…………月読だ」

「んじゃツッキーね！」

「ツッキー？！　……あのだな、神の名前にはきちんと意味が」

「コジキ！　おしえて！」

　紬紀の顔がずいと寄る。諦めて、青年──三貴子と称えられる神、月読命（ツクヨミノミコト）は嘆息した。

　こんなのでもこの地における自分の氏子である。たまさか面に出てきてみて、珍獣のような女子を見つけ、観察してみればこれだ。ひとつ、講義して神々への敬意を植え付けるのもよかろう、と月読は思った。

「あーあー、分かった分かった。一応参拝者であるしな。ほれ、そこに座れ」

「やたっ」

　紬紀は神馬の石像の台へ上機嫌で腰掛ける。ひょいと持ち上げた月読の手に、一冊の本があった。

「古事記、であったな。これは社務所から呼び寄せたものだが──」

「すごっ！　手品うまっ」

　拍手。月読は苦虫を噛み潰したような顔になる。

「手妻扱いか……。さて、人が為した我々の解釈を我が講釈するとは、なんとも妙な話ではあるが」

　さらに月読は鏡をひとつ手にとって、その鏡面へ語りかけた。

「思金、いるか」

　ほどなく鏡の中に映ったのは、黒髪眼鏡の女性（？）だ。

「はい？　あら月読さま、こちらに降りるとは珍しい。どうかなさいました？」

氏子：同じ土地で同じ神さまを信仰する人たちのこと。地元の神社の名前、言えるかな？

手妻：手品、奇術の古い言い方のこと。

「少々人の子に古事記を読み聞かせる。細かな解説をせよ」
「は〜、妙な流れですね。ええと、はい、でも承りました。思金神（オモイカネノカミ）と申します。よろしくね」
　にこやかに、鏡の向こうから笑顔と声が飛んでくる。
「うわコレ、タブレットなの？　おねーさんが映ってる！　こんちはおねーさん！　紬紀っていいます！」
「たぶ……？　まあいい。始めるぞ」
「はーい！」
　返事だけはいい少女に月読は呆れつつ、表紙に『古事記』と大書された本を開いた。
「では。――『稽古照今』――――」

稽古照今：古事記の原文からとった言葉で、意味は『昔のことを学んで今に活かす』。

古事記序文

序文…安万侶、過去について語る

忠実な臣下の安万侶が申し上げます。

 だれこのひと？

 いきなり茶々を入れるのではない。太安万侶。古事記を作った者だ

あっちからお話持ってきて、こっちと照らし合わせて……それだとムジュンが出るから……ひ〜、大変！

オオノヤスマロ
（やっちゃん）

ええと。……この国の成り立ちを安万侶が申し上げます。
　この世の最初は大元がやっと固まったところでして。天と地が分離したところで最初の三柱の神が生まれ……

 すとっぷすとっぷ。ツッキーかたーい。何言ってんのか分かんない

 む、むむ。これでもだめか。やれやれ……もう少し柔らかく、か……少々待てよ、文面を考える。あ、"柱"（はしら）は神の数え方だぞ。一柱、二柱と数える

　男女が別れて二柱の神がすべてを生み、この神があの世へ行ったりこの世へ行ったりし、目を洗えば太陽と月が、体を洗えば天の神さまや地の神さまも生まれました。
　そんな風に始まりはハッキリしないんですが、昔から伝わることと、前の帝のおかげで、昔、世界に何があったのかということがよ

く分かるようになりました。

　帝ってなーに？

　（本気かこいつという顔）……天皇のことだ。さすがにそれは分かるであろう

　当たり前じゃん！　天皇さんくらい知ってるし！　バカにしてんのー？

　（こ、この娘……！）前の帝、というのは汝たちの呼び方で言うと天武天皇だな

　神さまたちがはるか昔からこれまで、どうしてきたかが明らかになり、鏡をかけて玉を吐いて百の王さまが続き、剣を噛んで大蛇を斬り万の神さまが生まれました。川で会議して天下を支配して、浜で議論して地上を治めました。これで迩々芸命が、初めて高千穂に降りて、神武天皇が日本をめぐりました。熊に化けるものが川から出てくると、高倉で天から剣をさずかりました。しっぽの生えた人が道をさえぎると、大きなカラスが吉野へ導きました。舞をおどりつなげて、歌を合図に賊や敵をやっつけました。ある帝は夢のお告げで天津神と国津神をお祭りし、賢い天子と言われました。ある帝は民のかまどの煙を見て、民が貧しくなるのを救い、聖なる帝と呼ばれました。ある帝は国々の国境を決めて国家を開き、近江で政治をされました。ある帝は役職と姓名を正しく選んで、大和の飛鳥で政治をされました。また天皇の方々も、その世の中を治める様子は、走ること歩くことのように、早かったりゆるやかだったり、また華やかであったり地味であったり、それは時の天皇によってそれぞれ、みんな同じようにとはいきませんが、どの天皇も昔の神聖な教えを参考にしながら、古くなっているものはちゃんと整えて、今の時代

天武天皇：40代天皇。稗田阿礼に昔の記録を詠み習わせ、これが古事記の元になった。

に合わせて、教えが乱れそうになっている時にはそれを直さなかったことはありませんでした。

 ナニコレ！　一気にめっちゃ来た！

 言っただろう。古事記全体の要約だ。今は意味が分からんでよい。これから詳しくやるのだからな

 んー、神さまも、どの時代の天皇さんも、ちゃんとお仕事してたってこと〜？

 まあそんなところだ。ふむ、これくらいなら理解できるか

 む。バカにしてるなツッキー

 さて、先ほどの要約だがな、我が語りをちゃんと聞けばあとで分かるようになる。安心しろ

 ホントかな〜

 本当だ。神を信じるがいい。ほれ、始めるぞ

古事記序文

序文2…天武天皇の歴史整理命令

　時代は天武天皇の世の中になります。天武天皇が子供のころ——つまり大海人皇子は水中の竜にたとえられるような立派な人で、お告げや占いにより、天皇になることを決意しました。時期が来るまで南にある吉野で準備して、良い時期が来ると東へ進みました。皇子の軍は雷のように戦い、兵隊は煙のように現れ、旗は武器を輝かせ、敵を瓦のように簡単に砕いて勝ちました。

 え、なんでいきなりセンソーしてんのこれ。おーあま皇子さんは聞いたことあるよーな……

 汝たちの歴史で言うところの壬申の乱だ。要は皇族同士の内乱だな

 あっそれもきーたことある！　日本史とつながってんだね！

　皇子は軍隊を休ませて、清原というところで天武天皇になりました。彼は中国の様々な皇帝よりも優れ、神器を受け継いで正しい神さまの子孫として、神々の教えや世の中の決まりなどを広めました。天武天皇はとても頭が良く、過去を調べて、こう命じました。
「人々が持っている天皇の歴史『帝紀』と地域の歴史『本辞』は、嘘が多くて本当のことと違いすぎる。これは直さなきゃいけない。それぞれ調べて正しいものを記録するのだ」

大海人皇子：天武天皇の皇子時代の名前。一時期は出家していた。
壬申の乱：大海人皇子と大友皇子との戦争。これに勝利し、大海人皇子は天武天皇となった。

えらい人なんだねえ、天武天皇さん。光るし。すげー

 いや実際に輝いたかは知らんが。支配者としては自分の正当性を示すために都合の良い歴史書を作るのは手堅い手段だな

 え！　そーゆーことなのこれ？　ずるくない！？

 ま、建前というのは必要だ。まったく正しい歴史を記そうというつもりがなかったわけでもないだろうし

　この仕事を命令されたのが、偉い人のそばに仕えて色々な仕事をする、舎人（とねり）という役職をしていた稗田阿礼（ひえだのあれ）という人で、二十八歳、目と耳にしたものはたちまちのうちに記憶し、何も見ずに読み上げることができる能力を持っていました。

何でも覚えちゃうってのも苦労多いんですよ。とんでもない仕事押し付けられますしね

ヒエダノアレ
（アレーさん）

 えっすっげすっげ、アレーさんすっげ！　そんなんテストめっちゃラクショーじゃん？　うらやましい〜

 テスト……って、あのだな。当時の天皇から直接命じられるほどの者だぞ。そんなものは問題にもならん

 わたしもこんだけアタマ良かったらな〜

　阿礼は、『帝紀』といわれる天皇家の歴史と、『本辞』……または『旧辞』（きゅうじ）といわれる国の言い伝えや歴史を読み習いました。しかしながら時は流れ、天皇も代替わりし、この時はまだ計画を完成させることはできませんでした。

古事記序文

序文3…元明天皇、古事記を作らせる

　今（安万侶が生きていた8世紀）の元明天皇の立派さは素晴らしく、皇居にいたままでも、馬のひづめから船の舳先まで照らしています。これに天も応えて、瑞祥というめでたい自然現象がいくつも起きており、記録係は休む暇もありません。また、外国のお使い、贈り物が常にやって来て倉庫が空になることはありません。中国の有名な王よりすごいと言うべきです。

基本天皇さんのおべんちゃらから入るよねー、やっちゃんは。しかもいちいちチューゴクのえらい人と比べるのはなんで？

臣下ゆえな。世辞は致し方あるまい。天皇への態度も、今の汝らとは感覚が違おうよ。また当時の中国というのは先進国の中の先進国だ。そこの王や皇帝よりもすごいというのは、支配者にとっては便利な誉め言葉になるのだ

　天皇陛下は『帝紀』と『旧辞』の乱れや間違いを正しくするため、
「天武天皇の命令で稗田阿礼が読んだ歴史物語を、正しく選んで記録しなさい」
と、この私安万侶におっしゃった。というわけなので私は命令のままに、細かく正確にやりました。ただまあ昔の言葉なので、全部そのままに漢字にすると意味が分からなかったりします。今（ヤスマロの時代）に合わせて読みやすいように変えたり、コメント入れたりしております。また、わざと元々の資料のまま変えなかったところもあります。

元明天皇：43代天皇。太安万侶を起用して、古事記を編さんさせた。

あ、天皇さんが変わってから再開したのね？

うむ、上の代替わりが起きて事業が途中で止まったりすることはよくあることだな

コームインだもんねえ。そんで、昔の言葉のことでやっちゃんも今の私みたいな苦労してたのね……親近感だわあ

時間が経てばどうしても人の言葉は変わっていくものだ。というか、たまに我も汝の言葉が理解できんのだが……「やっちゃん」ってまさか太安万侶か

？　そだよ。ヤスマロだからやっちゃんじゃんね。当たり前じゃん？

　というようなことで、だいたい、天地の始まりから推古天皇の御代までで終わります。これを上中下巻に分けて、上巻は天地の始まりから神々の話、中巻は最初の天皇である神武天皇から応神天皇まで。下巻は仁徳天皇から推古天皇までです。合わせて三巻、おそれながら天皇陛下へお出しして申し上げます。ぺこり。

やっちゃんがんばった！　完！　おつかれさまでした！

終わらすな。これは古事記の序文だと言っておろうに

ちぇっ。あっでもさでもさ。ガッコの先生言ってたよ、上巻だけやるんだって

まあ学生の授業でやるならばそんなところだろうな

推古天皇：33代天皇。古事記に記載される最後の天皇。聖徳太子を摂政にしたことで有名。
神武天皇：初代天皇。まだ神話の時代の人物で、本人も神と言っても通るレベル。
応神天皇：15代天皇。実在性には議論がある。130歳まで生きたとされる。
仁徳天皇：16代天皇。古事記によれば民のために税を一時免除し、聖帝と呼ばれた。

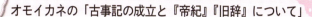# オモイカネの「古事記の成立と『帝紀』『旧辞』について」

はーい、ツクヨミさまに補足・解説を任されました。オモイカネです！　まずは、この本で扱う大元の本『古事記』についてのお話から始めましょう。

古事記が作られた理由は、序文では先ほどのように説明されていますが、実際はもう少し複雑なようです。研究している方々の中には、序文はあとから付け加えられたものだとする方もおられます。

また、天武天皇以前、天智天皇の時代に行われた（当時の）中国や朝鮮との戦争である白村江の戦い（663年）の影響も、古事記制作の理由に関わってきているという意見もあります。古事記成立（712年）のおよそ半世紀前に行われたこの戦いののち、日本は「倭国」から「日本」へと国号（国の名前）を改めたり、国家制度の改革が進んだりしています。その中の事業の一環として、古事記も位置していたと思われます。

こんな風に、国外・国内の色んな情勢も影響して作られた古事記ですが、この本ではそういった事情は他の専門的な書にお任せし、古事記を一般に言われる役割──「日本という国の、神々の時代からつながる天皇家の歴史を語る物語」として扱っていきます。

続けて『帝紀』と『旧辞』についてご説明しましょう。古事記の元になったとされるのが、このふたつの記録です。それぞれ『帝皇日継』、『本辞』などとも呼ばれます。

これに間違いが多かったから、と作成理由が語られますが、では、どのような記録だったのでしょうか？　まず『帝紀』は、天皇の系譜を中心とした歴史書であり、『旧辞』は各地方に伝わる諸部族の伝承や歴史であった、と考えられています。今はどちらも、そのもの自体は失われてしまっているようですね。

このふたつを照らし合わせ、編集したものが『古事記』です。

天地と生死

世界の始まり…現れる最初の神さまたち

 では本編を始めるぞ。我が語りをありがたく聞くがよい

　天と地が初めて別れた（天地開闢）時、天の中でも特別な神さまの住んでいる場所である高天原に現れた神さまを天之御中主神（アメノミナカヌシノカミ）という。次に高御産巣日神（タカミムスビノカミ）、次に神産巣日神（カミムスビノカミ）が生まれた。しかしこの神々はみんな独神（夫婦で現れなかった神）、つまり一柱だけの神で、すぐに引退してしまった。

天津神たちよ、この世をしっかり管理するんじゃぞ

天の真ん中で、いつでも皆を見守っておるぞ

アメノミナカヌシ
（ミナカっちゃん）

タカミムスビ
（タカさん）

ま、みんな元気で仲良くやるとよろしい

カミムスビ
（カミムー）

急に暴走族みたいな名前のひとがたくさん出てきたんですけど！　アメノ……ムスビ……何？

人(ひと)ではない神だ。そして逆だ逆。暴走族が我々の真似をしておるのだ。一音を一漢字で記す書き方を音仮名とか万葉仮名(まんようがな)と呼んだりする。古事記においては、歌や一部の神々の名前にそれが使われている。先ほども太安万侶が言っていたように、本文の多くは漢文だが、それで表しにくい場所を一音ずつ漢字にしていたりする

ああ、元々のコジキの文章そんな感じだよね……ぜーんぶ漢字なの。あれでマジ無理ってなったの

仕方ない……神名は最初に出る時以外は分かりやすくカタカナにしてやろう。あと、最初のほうに出ている「高天原(たかまがはら)」は覚えておけ。これから先の神々の拠点とも言える重要な場所だ

　次に、地面がまだ不完全で、浮いた油のように、クラゲのように漂っている時、植物の芽が生えてくるように生まれた神が宇摩志阿斯訶備比古遅神（ウマシアシカビヒコヂノカミ）、次に、大地はまだゆるゆるだが天がしっかりと定まって現れたのが天之常立神（アメノトコタチノカミ）。この神々も独神で引退していった。この五柱は特別な天の神、別天津神(ことあまつかみ)である。

特別？　えらいの？

うむえらい。この方々は一番えらい神々だと思っておけ。ちなみにこのあとはほぼ出てこん。カミムスビさま、タカミムスビさまはまた出てくるがな

出てこないの！？　じゃあなんで最初にバーンって出てるのこのひとたち！？

- 私に言われてもなあ。えらいのだよ。汝たちの社会で言うところの大御所とかそういうのだ
- それ江戸時代だよ、たしか
- まともに話すと、この方々は世界それ自体を意味するような神々だ。アメノミナカヌシさまは天や宇宙の中心を意味する。タカミムスビさまは何かが生まれる力そのもの、カミムスビさまも同じだ。ウマシアシカビヒコヂさまは生まれた命が育つ力の神で、アメノトコタチさまは本文でも言っておるように、天そのものだ
- おおお……一気にきた。え〜と、つまり自然の決まり事の神さまってこと？
- ほお、なかなかいい理解だ。それでよい。普段は目に見えぬが、世界を成り立たせている大元の神々、ということだな。ゆえにえらい
- むむむ……ちょーえらいウマシアシカ……なんとかさま、わたしの胸をもーちょい育てて……
- 何を願っておるんだ、汝は……

天地と生死

次々生まれる神…神世七代ってどんな世代?

　別天津神のあとにも国之常立神、豊雲野神という神が連続で生まれて、これもまた独りの神として引退した。

　また！？　引退早くな〜い？　サボり？

　サボ……？！　……別に怠けているのではない。それぞれの神に意味があるのだ。それに、文章ではあっさりでも、この神々が生まれてから引退するまで何千年もあるかも知れんぞ？

　いいっ？　か、神さま長生き〜

　書かれてはおらんから、想像でしかないがな。続けるぞ

　そのあとにお相手のある神々が四組生まれた。宇比地迩神・妹須比智迩神ペア、角杙神・妹活杙神ペア、意冨斗能地神・妹大斗乃弁神ペア、於母陀流神・妹阿夜訶志古泥神ペアである。

　またすんごい名前出てるけど、紹介こんなのでいいの？

　うむ。この方々もここでしか出ないしな……しかしここで初めて神々に配偶神……ああと、夫婦が発生した重要なところだ。覚えておけ

　ほー。あ！　えっ！　おぉ……？

　……どうした、目を丸くしおって

　えぃいや、ちょっ待ち待ち！　お嫁さんの神さま、妹とか頭

についてるけど。これ妹さんと結婚したってこと！？　ヤバ！　禁断の愛じゃね！？　超ヤバくない！？

ああ、そういうことか。別にヤバくはない（慣れてきた）。人の子ならば別かも知れんが、神々のことである。それに、古語の『妹』には親しい仲の女、という意味もあるのだよ。この神々の解説は、ちと長くなるのでオモイカネに任せるとするか（次ページの囲み参照）

　最後に生まれたのが伊耶那岐神（イザナギノカミ）と妹伊耶那美神（イザナミノカミ）である。
　最初に言った二柱と、この五組を合わせて、神世七代と呼ぶ。

イザナギ
（ナギさん）

イザナミ
（ナミさん）

オモイカネの「神世七代の神々」

　再びこんにちは、オモイカネです。神世七代の神々は、さらりと流されてはいるものの重要な意味を持つ神々ですよ。
　この神世七代（独神二柱、夫婦神五組十柱）のうちラストに生まれたイザナギさま・イザナミさまを除く十の神は、この世界の成り立ちを示していると考えられています。以下に見ていきましょう。

・国之常立神……大地を神格化した神。別天津神と同じく独神で姿
　　　　　　　　を隠す（引退した）。
・豊雲野神……雲や野を表した神。この神も独神で姿を隠す。
・宇比地迩神・妹須比智迩神……この神からは夫婦ペアとなり、姿
　　　　　　　　を隠さない。泥や砂、大地の上に
　　　　　　　　広がる土を表した神。
・角杙神・妹活杙神……角のように生命が地面から生える様子を表
　　　　　　　　した神。
・意富斗能地神・妹大斗乃弁神……男女の性器を表す神。
・於母陀流神・妹阿夜訶志古泥神……不足なく完成した状態を表す
　　　　　　　　神。

※ペア神さまの片方についている「妹」は妻・近しい女性を意味するものと言われています。

　国之常立神と豊雲野神は姿を隠してしまいますが、それ以後のイザナギさま・イザナミさまを含めた五組にはそういった記録はありません。つまり、前者二柱は世界の陰から国を支えて、それ以後の神々は表だって国を支える神だと言えますね。
　この「徐々に世界が完成していく」様子を表した神々のあとで、イザナギさまたちは国を生むわけですが、先立つ神々の誕生はそうした行為が行えるまで準備が整った状態を示していると言えますね。

天地と生死

海に矛差してぐるぐる…豪快な最初の島作り

　　イザナギとイザナミは先輩である天の神々に、
「国土がゆるゆるなのでしっかり固めて整えて」
と命じられて天沼矛をもらった。二柱は天と地の通り道である天浮
橋に立って、天沼矛をゆるゆるの国土、つまり海水に突き刺してか
き回した。すると、海水はコオロコオロと鳴った。

おお、伝説の武器って感じ～。ていうかさすが神さま、空に
橋なんてかかってるのね。ファンタジーだあ

世界を作るありがたい矛だ。天浮橋はこのあとも出てくる、
天上と地上の中継場所であるから頭の片隅にでも置いておけ

あ、そーなんだ。便利そうだもんね。でもこれ、海水かき混
ぜてもコロコロとは鳴らないと思うんだけど？

ここは擬音のことであるしな。時代性が出る。汝たちの言語
でも、同じ音を違う書き方をすることはあろう。感じ方の違
いというものかも知れんな

あー、そういえばニャンコの鳴き声、日本だとニャーニャー
だけど英語だとメウメウだもんね。そーゆーもんなのかな？

　　そして矛を抜く時に先から滴った塩が重なり積もって、島が出来
た。これを淤能碁呂島という。

ナニコレ。ヤリ刺して混ぜて抜いたら島出来たってこと？
インスタント食品みたい。神さますごくない？

このお二方は神々の父母だぞ。当然すごい。これから先の話でも、様々なものをお生みになる

 二人に命令してきた神さまたちって、さっきの引退した神さまたちでいいの？

 おそらくはな。他におらんし。ところでこのオノゴロ島は実際にあるとする説がある。また古事記の下巻では実際にこの島を見た、という話が出てくるな

 ほえ～。神さまの話に出てくるところが実際にあるかもとか、なんかすごいね！

 汝はこの出雲(いずも)の地に住んで何を言っているのだ……やれやれ、この先を楽しみにしているがいい

天地と生死

二神の結婚…ちょっと気軽に誘ってみた!

　イザナギとイザナミはオノゴロ島に天から降って、島にあるものを見て、天御柱という巨大な柱を出現させ、八尋殿というこれまた巨大な屋敷を出現させた。

 おお、さすが神さま、すごい……大工さんいらずだ

 人間たちの解釈の中には、元からあった岩などを柱や御殿に見立てたという説もあるようだが、このお二人は創造の神だからな。私もこの場面を実際見たわけでもないが、まあこれくらいぽんと出せて不思議でもなかろうよ

　イザナギが、妻のイザナミへ、
「お前の体はどうなってる？」
と聞くと、イザナミは、
「すっかり出来ていますけど、一カ所足りないところがありますね」
と答えた。それを聞いたイザナギは、
「私もすっかり出来ているのだが、逆に余ったところが一カ所ある。そこでだ。私の余ったところで、お前の足りないところを刺してふさぎ、国を生もうと思うがどうだろう？」
とかなり過激な誘いをかけた。

 ？　女の人の足りないところ……男の人の余ったところ……？

 なんだ、分からんのか。どこの男にも女にも股にあろうが

 股……？　……えっ……あっ……／／／／／／／／

（おお、真っ赤に）

えっあっ………… さ、刺して、ふさぐ！？！？！？！！！？

えーと……続けるぞ？

　しかしイザナミもさるものである。
「それは良い考えです。楽しそうで良いですね」
と乗り気で答えた。

（震えながら）…………セクハラか！　神さまなのに！！

いや、そのだな。見ての通り同意はあることだし……

セ　ク　ハ　ラ　か！！

……見た目に似合わず存外初心(うぶ)なことだ（ぼそっ）

何か言ったツッキー！？　あたし軽い女じゃないからね！！

ああもう、分かった分かった。ともあれ、命を生むための行為をしようと、そういうことだ。父上のセリフにもある通り、神と神が交わり国を生もうとしている。さすがにスケールが違うな

うー……神さまあけっぴろげすぎるぅ……

天地と生死

新婚…初出産での失敗。神さまでも失敗する

　合意ということで、イザナギは
「天の柱を互いにぐるりと行って回って出会い、結婚して男女の交わりをしよう」
と約束をした。そうして、
「お前は右から回って会いにこい、こっちは左から回って会おう」
と言った。約束をしてから、二柱が回って行き会うと、イザナミがまず、
「あら素敵、いい男だわ」
と言い、イザナギが
「ああ素晴らしい、なんと可愛い女なんだ！」
と返した。

 偶然会った的なイメクラっぽいオープニング！

 また随分な言いぐさをするものだ。導入を含めて結婚の儀式であるのだよ

 えー。これがあ？

 結婚の際に柱を回り行き会うという神話は昔の中国などにもある。その影響を受けているのかも知れんし、似たような風習があったのかも知れん

　……なのだが。二柱とも言い終えてしまってから、イザナギはイザナミに向かって、
「あ、いや、しかし女から声をかけるのは不吉で良くないのではないか？」

と駄目出しをした。とはいえ二柱は結局、八尋殿で交わって子供を作った。その子は水蛭子といい、葦の船に乗せて流してしまった。

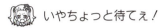 いやちょっと待てぇ！

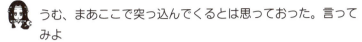 うむ、まあここで突っ込んでくるとは思っておった。言ってみよ

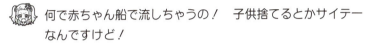 何で赤ちゃん船で流しちゃうの！　子供捨てるとかサイテーなんですけど！

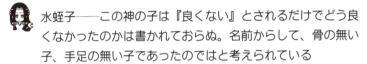 水蛭子――この神の子は『良くない』とされるだけでどう良くなかったのかは書かれておらぬ。名前からして、骨の無い子、手足の無い子であったのではと考えられている

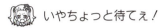 ショーガイのある子だったってこと？　だからってこんなの、ひどいじゃん……

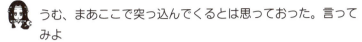 そう思うのは、汝が生きるこの時代がそれだけ余裕のある時代だということだ

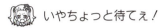 よゆー？　赤ちゃん捨てないことが？

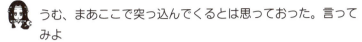 うむ。この古事記が作られた千三百年前に、体がひどく不自由な子を保護して育てる余裕があったかといえば、それは分からんな。……今の世も問題は多々あるだろうが、汝がそのように思うような世になったというのは間違いなく良いことであろうな

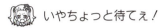 うう～、良い話風にまとめてぇ

　二番目の子の淡島も、同じように子の数に入れない。

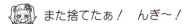 また捨てたぁ！　んぎ～！

天地と生死

占いで国生みやり直し…天の神さまの言う通り

　イザナギとイザナミは相談して、
「さっき私たちが生んだ子は良くなかったなあ。ここは天の神々に相談してみようじゃないか」
となった。一緒に高天原へ戻って天の神々に聞くと、天の神は太占という占いをして、二柱にこう命じた。
「女性が先にものを言ったので良くない。もう一度オノゴロ島に戻ってやり直して言いなさい」

　なーんか天の神さまヤな感じ〜。ミナカっちゃんとか、タカさんとかでしょ、これ？　女が先になんか言うなとか、男女サベツっぽーい

　そう噴き上がるな。当時の感覚だ。今の人の子に違和があるのは致し方あるまい

　納得いかないな〜も〜。……ていうか占いって。いやあたしも好きだけど？　そんなんで決めていーの？

　ふむ。なかなかいいところを突いた。古事記が書かれた時代はな、人間の力ではどうにもならなかったり、分からなかったりすることはものすごく多かったのだ

　あ〜そっか。天気予報もない……よねえ、この時代は

　分からぬものはみな占い頼りだ。ゆえに、指針を与えてくれる占いはとても重要なものだったのだ。それがここにも表れているということだな。……それに、神が占うのであるぞ。当然当たる

な、なるほどぉ。ツッキー、あたしもあとで占ってくんない？

 いいぞ。ならば鹿の肩甲骨と、桜の木を持ってこい。かつての占いとはそうしたものだ

 できるワケないでしょそんなの！

　ということで、二柱はまた天から戻り降りて、天の柱を先ほどと同じように回って、イザナギが先に、
「おお素晴らしい、なんと可愛い女だ」
と言い、イザナミがあとに
「ああ素敵、いい男だわ」
と言い、交わった。

 また同じことやるんだ……変にマジメっていうかさあ

 儀式だからな。ちゃんとした手順を踏まねばならぬ

天地と生死

国生み本番…神くらいになると島を生む

そして生まれたのが日本の島々とその神々である。

 へ〜…………ん？　島？

 うむ。島の神だ。国生みであるからに

 国って生むモンなの！？

まず生んだのは淡道之穂狭別島。

 マジで生んだ……ええ……ナギさんナミさん体どうなってんの……ん？　あわじ？

 今の汝たちが呼ぶ淡路島のことだ。驚くことでもなかろう。これは日本という国が生まれる話で、古事記はこの国の神と歴史の書だぞ

次に生んだのは伊予之二名島で、この島の体はひとつだが顔は四つあって、それぞれに名前が付いていた。その次に生まれたのは隠岐の三子の島。

 あ、隠岐！？　隠岐なのこれ？　あの隠岐？（著者注：隠岐は島根県の島です）

 ああ。あの隠岐の島だ。伊予之二名島は四国のことだ。ゆえに顔が四つある

は〜。カミサマの話からいきなり知ってっトコ出てくると変な感じぃ

　次は筑紫島で、これもひとつの体に四つの顔があり、それぞれに名前があった。次に伊岐島、津島、佐渡島を生んだ。

 順に、今でいう九州、壱岐島、対馬だな。佐渡島はそのままか

 知ってる名前が次々出るわあ。……に、してもさぁ

 なんだ

 夫婦で張り切り過ぎじゃないの……？　何個島生むのよ……。何人兄弟？

 国を生む話であるからな。お二方も気合が入っていたろうよ。ほれ、いよいよ本州が生まれるぞ

　そしてその次に大倭豊秋津島（本州）を生んだ。この八つを先に生んだので、日本を大八島国という。さらにこのあと、帰る時にさらに吉備児島、小豆島（今の小豆島）、大島、女島、知訶島、両児島の六つの島を生んだ。

 ま〜た増えた！　どんだけなのこの新婚夫婦の初夜は！！……これらも実際にある島なの？

 うむ、それぞれにここではないか、という島がある。これが日本列島の西部分に集中しており、当時の日本の領土認識が分かったりする

 へ〜。りょうどね、うん。りょうど。なるほどね

（分かってないなこの娘……）彼らには神としての名前もある。詳しくはオモイカネに教えてもらうがいい（下の囲み参照）。だがまあ、このあとはあまり出てこぬ。覚えておくべきは伊予之二名島のひとつ、粟国の大宜都比売（オオゲツヒメ）だ

ほんほん。オオゲツちゃんね。覚えとこ

オモイカネの「国生みで生まれた島の神さまたち」

　いや〜、島を生むとはふぁんたすてぃっく。オモイカネですよ。ここではイザナギさま・イザナミさまが生んだ国……島々のことですが、別の名前をお持ちの島もたくさんおられまして。島の神さまというわけですね。

　さて、ここではたくさんの神さまが生まれますが、一柱ずつ紹介しているとかなり長くなってしまいます。詳しい神さまのリストは巻末（P.221）にまとめさせていただき、ここではふたつの島の神々についてお話ししましょう

　国生みにより、本州と様々な島が生まれるわけですがこの島々にも個性があります。伊予之二名島と、筑紫島はそれぞれ「体ひとつに四つの顔を持つ」と書かれていますが、これはひとつの島（体）の中に四柱の神（顔）が存在するということで、それぞれに名前があります。そしてその名前は、伊予之二名島は現在の四国の四県、筑紫島は現在の九州の三県＋一地方とかなり近い位置を指します。神話から現代がダイレクトにつながっているという一例ですね。

　神々の名前も色々ありますが、大宜都比売を初めとして名前に「比売」が付く神も多く、これは「ヒメ」と読み女神を意味します。島の神さまにも男女があるんですねえ。

天地と生死

神生みブーム…自然はナギナミ夫婦が生んだ

　イザナギとイザナミの二柱は国を生み終わって、今度は神々を生み始めた。最初に生んだのは大事忍男神で、この神は『大きな仕事をやりとげたこと』の神である。

 国生みお疲れ様、ということであろうかな

 ……まじ？

 うむ、国を生むという一大事業だ。それ自体の神も生まれようというものよ

 神さまってちょっとノリで生まれてな〜い？　なんのお仕事するのこの神さま

　そこからイザナギとイザナミは、土や石の神から始まり、家の神たちを生んだ。さらにそこから海や川、風に山など、色々な自然を担当する神を生んでいった。

 おおおう……またしても子だくさん……何十人いるのこれ？

 これッ。神なのだから、数え方は人ではなく柱だ。数で言えばおよそ三十以上だな。このあとさらに生まれる神も含め、詳しくはオモイカネが教えてくれるだろう（P.42）。特に重要なのはあとにも出てくる山の神大山津見神、海の神大綿津見神辺りか。そして、ここでもまたオオゲツヒメが生まれている

 え？　オオゲツちゃん、また生まれてんの？　どーゆーこ

と？

書いたのは人間(なんじゃ)であろうに。ま、同一の神か同じ名の別の神か、好きに捉えればよい。ただ、同じ字を持つということは同じようなものを意味しているということだ

アバウト〜。そんなんでいいの？

　最後にイザナミは火之迦具土神（ヒノカグツチノカミ）を生んだ。彼は火の神で、イザナミは股に火傷をして寝込んでしまった。苦しみの中で吐いたり、大小の便もしたが、そこからも神々が生まれた。しかし、火傷が元でついにイザナミは亡くなってしまった。

　こうしてイザナギ・イザナミが生んだ島は十四、神は三十五柱であった。生まれた神がさらに生んだものも入れれば、軽く六十を超える。これはイザナミが死ぬ前に生んだもので、オノゴロ島は天沼矛で作ったものなので生んだうちには入れず、ヒルコと淡島は数に含めない。

あ〜ナミさん、死んじゃったよぉ。股に火傷なんて、それにしても痛そう……。島なんて生んでるのに火で死んじゃうんだね

生後すぐ死んじゃった俺なんだが、人気は結構すごいんだぜ？

火にはそれだけ特別な強い力があると考えられていたのだ

ヒノカグツチ
（カグッチ）

火って生きてくのに大事だもんね……。というか、お……おしっことかゲロからも神さま生まれちゃうんだ……ナンデモアリすぎ。ていうか多すぎ。ベビーブーム来すぎ

ここの話は、この世の自然現象がどうして生まれたのかという話でもある。国や自然はそのまま神であるのだ。この国ではな

オモイカネの「神生みで生まれた神たち」

　ツクヨミさまにまたまた任されました。オモイカネです。神生みにより五十を超える神々が生まれます。偉大なイザナギさま、イザナミさまのお子さま、もしくはお孫さまだけあり、重要な神さまたちです。ここも、詳細は巻末神さまリスト中（P.221）にまとめさせていただき、ここでは神々の性質について説明をさせていただきましょう。

　ここではおおざっぱに分けますと、家屋の神、海と水の神、風の神、木と山の神、船の神、食べ物の神、火の神が生まれています。さらに、火の神カグツチさまからは石鎚の神や剣・雷の神が生まれています。これらは、古事記を作った人々が認識していた「この世に存在するものごと」「人間にとって無くてはならないもの」の神さまたちと言えるでしょう。

　とはいえ、古事記でこのあとも出てくる神さまはそう多くありません。海の神オオワダツミさま、山の神オオヤマツミさま、船の神アメノトリフネさま、五穀の神オオゲツヒメさま、剣の神タケミカヅチさま。古事記での重要な役割があるのはこの辺りの方々です。

　余談ですが、ここに名前が現れる神さまは、古事記の最初のほうに出て来て役割がはっきりしている、というさじ加減が便利なのか、時々ゲームや小説、漫画にキャラクターとして登場することがあります。名前を覚えておくと、日本神話を元ネタにした作品をより楽しめるかも知れませんね。

天地と生死

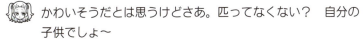

愛する妻の死…イザナギ、最初のDVをかます

　妻の死にイザナギは哀しみ、
「愛しい妻よ、子の一匹と誰が引き替えにできるものか！」
と、腹這いでイザナミの頭に行ったり足に行ったりして泣いた。

- 🙂 かわいそうだとは思うけどさあ。匹ってなくない？　自分の子供でしょ〜
- 😐 それだけ嘆きが深かったということであろうなあ

　その涙から、香具山の木の本（今の奈良県）に祭られている泣沢女神が生まれた。亡くなったイザナミは、出雲の国（島根県）と伯伎の国（鳥取県）の境目辺りにある比婆山に埋葬された。

- 🙂 涙から神さま出るくらい悲しかったのね……。まあそりゃ奥さん死んだらそりゃ悲しいよね……ぐすん。てか、ナミさんのお墓島根県にあんの！？
- 😐 諸説あるが、そうだ。汝は故郷の神話も知らんのか。嘆かわしい
- 🙂 えーあんま知らないと思うよ……友だちに知ってる子いたっけなあ
- 😐 はぁ……やれやれ。教え甲斐があるというものかな

　さて、哀しみ怒ったイザナギは腰の十拳の剣を抜き、なんと子であるカグツチの首を斬ってしまった。

43

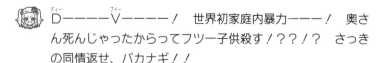 D――――V――――！　世界初家庭内暴力―――！　奥さん死んじゃったからってフツー子供殺す！？？！？　さっきの同情返せ、バカナギ！！

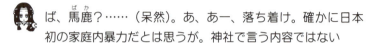 ば、馬鹿？……（呆然）。あ、あー、落ち着け。確かに日本初の家庭内暴力だとは思うが。神社で言う内容ではない

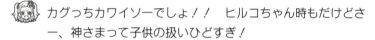 カグっちカワイソーでしょ！！　ヒルコちゃん時もだけどさー、神さまって子供の扱いひどすぎ！

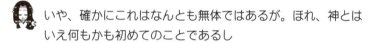 いや、確かにこれはなんとも無体ではあるが。ほれ、神とはいえ何もかも初めてのことであるし

 納得いかなーい！

　剣の先や根本、そして手元についたカグツチの血が垂れたり、そばにあったたくさんの岩々に飛び散ったりした血からも、建御雷之男神（タケミカヅチノオノカミ）を初めとして合わせて八柱の神が生まれた。これは刀から生まれた神である。
　殺されたカグツチの体からも頭や手足などから八柱の神が生まれた。
　カグツチを斬った刀の名前は「天之尾羽張（別名を伊都之尾羽張）」という。

 ひぇ、まためっちゃ生まれた。一減って十六増えるとかもう意味わかんない

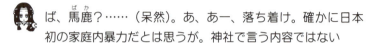 ここで生まれた神々も、オモイカネが一覧にしているので見ておけ（P.223）。タケミカヅチがあとに再登場することになるな。ちなみに十拳の剣とは、十個分の拳の長さの剣という意味だ。剣の種類のことだから、名前はこの通り別にあるのだよ

むー、使われ方はあんまりだけど、カミサマの剣ってゆーのはカッコいーかも

まあ、偉大な父神の剣だからな。この剣もまた、のちに再登場する。どのような形でかは楽しみにしておけ

言って聞かせても分からん奴は、みな捻り潰す。素直なら多少ワガママ言ってもいいぞ！

タケミカヅチ
（タケミカさん）

天地と生死

黄泉下り（行き）…イザナギ黄泉の国へ

　（突発的DVをしたせいか）落ち着いたイザナギは妻に会いたい気持ちが沸き起こり、彼女がいる黄泉国へと出かけた。

 わあ、愛する妻のためにどこまでも！　ナギさん、パパとしてはダメダメだけど、夫としてはポイント高いかも〜

 だ、ダメダメか……。ともあれ、黄泉国とは死者たちの国だ。この時代では、未だあの世は神にとっては行こうと思えば行ける世界であったわけだ

　黄泉の国の立派な館の扉でイザナミが迎えると、イザナギは語りかけた。
「愛しい妻よ。まだお前と私の国作りは終わっていないよ。だから帰ろうじゃないか」
　この熱烈な言葉に対し、イザナミは、
「なんてくやしいの。もっと速く来てくれれば……。私は黄泉国で食事をして、こちらの国の住人になってしまったわ。ですが、愛しい貴方が来てくれたのは本当にうれしいの。私も帰りたいわ。ちょっと黄泉の神と相談してみます。その間、決して覗かないでね」
と言ってから、館へと入った。

 黄泉の国で食事をすることを黄泉戸喫という。これをすると生者の世界に帰れなくなるというルールだ

 ふうん。ごはんくらいいいじゃんね。それよか、なんかフラグ立った気がするわ。や〜なヨカン

（？　……フラグってなんだろう）

　待つ。待つ。長いこと待つ。イザナギは長〜い待ち時間を耐えきれなかった。左髪にさしていた櫛の太い歯に火をともし、館に入った。

ナギさん、櫛さしてんの？　オシャレじゃん

この時代の男の髪形でな、「みづら」といって、左右に分けた髪をそれぞれ耳の横でくくったものだ

あーあーあー。あるある。絵とかで見たことあるわ。なるほど、あの左右のとこにさしてたのね

　館の中に入ったイザナギが見たものは、腐ってウジ虫が「コロロ」とうごめき、体の各所に八つの雷神が出現している、変わり果てたイザナミの姿だった。

ぎゃー！　ゾンビだ怖！　だから見るなっつってんのに！ホラー映画じゃん！

ホラー映画はよく知らんが、禁じられたものを見てしまう話は、ほれ、昔話でもあるだろう。鶴の恩返しなど。あの類だな

そーいえば、小っちゃいころ読み聞かせしてもらったな〜

雷神の名前は、頭に大雷、胸に火雷、腹に黒雷、股に析雷、左手に若雷、右手に土雷、左足に鳴雷、右足に伏雷だ。これは雷の色んな状態を表現しているのだな

天地と生死

黄泉下り（帰り）…ブチ切れ妻から夫逃走

　変わり果てた姿のイザナミ。妻の姿に、イザナギは恐ろしくなって逃げ出してしまった。イザナミは夫のこの行動に、
「よくも私に恥をかかせましたね！」
と怒り心頭、ブチ切れて黄泉国の恐ろしい鬼女である予母都志許売（ヨモツシコメ）に追いかけさせた。

 うんまあ、そりゃナミさん怒るよね……

 そしてまあ、それは逃げるだろうな……

 完全にホラーなノリになってきたわ。コーラ持ってくればよかった

　そこで、イザナギが頭の黒い髪飾りを投げると、たちまち山葡萄の実がなった。鬼女のヨモツシコメがそれを拾って食べている間にイザナギは逃げる。食べ終わって追ってくるヨモツシコメに、さらにイザナギは右の「みづら」にさしていた櫛を投げると、たちまち筍が生えてきた。ヨモツシコメがそれを抜いて食べている間にイザナギは逃げる。

 ホラーかと思ってたんだけど、もしかしてこれコントかな？

 違う。この時投げられた物は現実の古代人からすれば、重要な自然の恵みだ。役に立つ植物ということで、神の助けにもなってくれる、ということだな

さらにあとから八の雷神と、千五百の黄泉の国の兵隊である黄泉軍に追われ、腰の剣を抜いて後ろに振りつつひたすら逃げた。黄泉国と地上の境界にある、黄泉比良坂まで来て、そこに生えていた桃から実を三つ取って投げてぶつけると、黄泉の軍勢はみんな引き返した。

……なんで雷の神さまと兵隊さん、桃投げられて帰るの？

桃には古くから邪気を祓う力があると考えられていた。つまり魔除けだな。それが死の国の存在である八雷神やヨモツイクサを退けたのだ

へ〜。……でもさあ、やっぱナギさんちょっとダメダメじゃない？　そもそもがねえ、勝手に化粧中の女子見て逃げるとかさ〜。千五百人から逃げ切るのはすごいけど

其の方らしい解釈なことだなぁ……

　これで、イザナギは桃の実に、
「お前さ、今私を助けた時のように、葦原中国（地上）のすべての人が苦しみ悩んで、どうしたらいいか分からなくなってる時に助けてあげなさいよ」
と言って、意冨加牟豆美命（オオカムズミノミコト）と神の名前を付けた。

えっこれ、桃が神さまになっちゃったってこと？　ちょー出世じゃん

大いなる霊力を持つ実、という意味だな。創造神を助けた功績だ。このせいかは知らんが、日本の桃の花ことばには『あなたのとりこ』だの『気立ての良さ』だのに混じって『天下無敵』などというものがあるようだ

ぶはははっ！　ナニソレ！　ちょー浮いてる！　ウケる〜

 またこの場面は、初めて地上の人間たちについて話が出た場面でもある。原文では『青人草』と書かれ、たくさん生えている草木を人間にたとえているのだな

 人間っていつの間にかいた、みたいな扱いなんだね。てきとう……

 これに否定的な説もある。日本神話の人の起源は別の話にあるという説だな。ただ、そこまで行くと今の汝が求めるものではなかろう。興味が出た時にでも調べよ

天地と生死

黄泉下り（お別れ）…日本初の夫婦喧嘩

　最後にはイザナミ自らが、愛しくて憎いイザナギを追ってきた。イザナギは黄泉比良坂を千引の石（千人で運ぶような大岩）を引いてふさいだ。

 おわあ、ナギさんすっげ力持ち！　情けないイメージだったのに！

 汝な……。この国を生んだ神であるぞ。このくらいはする。ちなみに、千引の石というものはこれから先にも、すごい力のある神の表現として何度も出てくる

　石を間に挟んでイザナギとイザナミは向かって立ち、別れの言葉を言い合った。恥をかかされて頭にきているイザナミは、
「愛しいあなた！　こんなひどいことをするなら、私はあなたの国の人間を一日に千人絞め殺しますからね！」
と言った。この大量虐殺宣言にイザナギは、
「愛しい我が妻よ。ならば私は、一日に千五百の産屋（赤ちゃんを生む場所）を建てよう」
と言い返した。このために、一日に必ず千人が死に、必ず千五百人が生まれるのである。

 へー、だから人間死んじゃうんだー……って何勝手にそんなん決めてんのこの夫婦！　超迷惑なんだけど！　何さま！？

 神さまだ、神さま！　まあ千だの千五百だのは、昔の人間が考えた数だがな

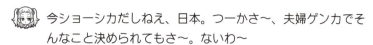今ショーシカだしねえ、日本。つーかさ〜、夫婦ゲンカでそんなこと決められてもさ〜。ないわ〜

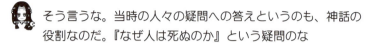そう言うな。当時の人々の疑問への答えというのも、神話の役割なのだ。『なぜ人は死ぬのか』という疑問のな

　こういったわけで、黄泉の国にいるイザナミを名付けて、黄泉津大神という。または、その追いかけっぷりから、地敷大神という。また、黄泉比良坂をふさいだ大石は地反之大神、またはふさいで座っているので黄泉戸大神という。

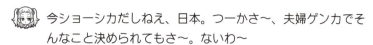ナミさんがヨモツオーカミで、あの世の神さま……ってことはさ、結局ナミさんが相談しますって言ってた相手なんていなかったってことなの？

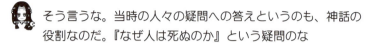そういうことなのかもなあ。変わり果てた自分の姿を見ずに帰ってほしかったのか、それとも時間をかければ何らかの手立てがあったのか。今となっては分かりようもないが

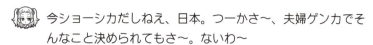あんなに仲良しの夫婦だったのにこれでお別れなんだね……。ケンカしてリコンって、神さまも人間と変わんないね

　この場面の舞台となった黄泉比良坂は、今は出雲国の伊賦夜坂という。

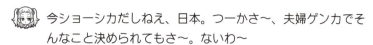いずものくに……？　あ！　そういえば！　ひがいも（東出雲町の略）にあるわ！　黄泉比良坂！　看板出てるもん！　は〜、これのことだったんだぁ〜

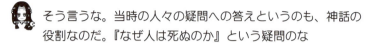ええ、今看板出てるのか……？

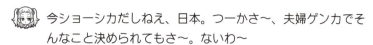うん。『黄泉比良坂　あの世の入り口』って看板出てるよ。

なんかお手紙燃やしてあの世に送ってくれるみたいなのもやってる

 なんともはや。人間も図太いものだ

天地と生死

禊祓…またしてもどんどこ生まれる神さま

　ここまでのことで、イザナギの大神は、
「私はなんとまあいやというほど汚い国に行っていたなあ……。というわけだから体を清めよう」
と、『竺紫にある日向の橘の小門の阿波岐原』という場所に行き『禊祓』をした。

 元嫁の住んでるとこへのディスりがひどい

 現代でも死は汚れとして、あれこれ気を遣うであろう。昔は今の比ではないほどに、死は恐れ忌み嫌われていたのだ。現代よりずっと死が身近であったこともあるだろうな

 このめっちゃ長〜い名前の場所と、ミソギハラエってなに？

 この場所は今の宮崎県と言われてはいるが、詳しくは伝わっておらんようだな。禊ぎ祓えとは、汚れを落とすための行為だ。この場合は黄泉の汚れだな

 要はおフロね。大分走ったもんねえ。そーいえばさ、ナギさんいきなり大神（オオカミ）とか付いてるけど？

 なかなかいいところに目を付けた。これは国生みという一大事業をこなしたことによる位の上昇を意味している。そのまま『大いなる神』となったのだと思ってよい

　イザナギは、身に着けていた品々を、汚れているため次々にぽいぽい投げ捨てる。帯から服から冠から、これにより十二の神々が生まれた。裸になったイザナギは、

「川の上流は流れが速いし、下流は遅いな」
というわけで、中流で水に潜った。

　黄泉の汚れや垢、災いからも神が生まれ、体を川の底や川の中ほど、水上で洗った時、この時にもそれぞれにぽこぽこ神々が生まれた。

 またはしょってるけど、もう何しても神さま生まれんのね。お嫁さんとか必要ないの？

 詳細は例によってオモイカネがまとめてくれておる（P.57）。そして、夫婦の力は、国生みと自然の神々を生むという大仕事だったからこそ必要だったのだと思うべきであろう。それに、ここで生まれた神々は『黄泉の汚れを禊祓した』から生まれたと取ることもできる

 え〜と、つまり、あの世の神さまがナミさんなわけだから……

 うむ。これらもまたあの夫婦の子供たちである、ということも可能だろう

 そ、そう……なる……のかな？

　そして。右目を洗った時に天照大御神（アマテラスオオミカミ）、左目を洗った時に月読命（ツクヨミノミコト）、鼻を洗った時に建速須佐之男命（タケハヤスサノオノミコト）が生まれた。

 まーだ生まれてる……ってあれ？　あれえ？　ツッキー！ツッキーいんじゃん！

 うむ、私はこの時に生まれた

は！？　ツッキー、神さまだったの！？　マジすごいじゃんなにそれー！　やべー！

なっ、汝な……今更か！！

お姉ちゃんですよ〜。長女なので一番えらいのです！　なんてね♪

家族の前だとつい甘えちまうんだよな〜……旅とかいいかもな

アマテラス
（アマテラ姉ちゃん）

スサノオ
（スッサー）

夜の支配とは責任重大だ。真面目に勤めるとしよう

ツクヨミ
（ツッキー）

オモイカネの「イザナギの禊祓で生まれた神々」

　オモイカネです〜。いやはや、さすがはイザナギさま。何か行動を起こすたびに神さまがぽろぽろ生まれてしまいます。
今回は「イザナギさまの禊祓(みそぎはらえ)によって生まれた神々」ですね！　こちらも神生みに負けず、その総数なんと二十三柱！　こちらも詳細な一覧は巻末（P.223）にまとめて、現れた神々についてお話しましょう。

　投げ捨てた杖や服から、陸と海の道の神や分岐点の神が生まれています。これは、イザナギさまの黄泉国から逃げる際の道行きや、黄泉国と地上の境を作るための神ともされています。

　川で体を洗うことから生まれた神々は、汚(けが)れや災いの神と、それを直そうとする神が同時に生まれています。さらに、ここでも海の神が六柱生まれており、この神々は安曇連(あずみのむらじ)という人々が祖先の神さまとして祭る神々であったり、全国の住吉神社で祭られる神さまであったりします。安曇連の人々の、当時の力の強さがうかがえる書き方ですね。

三貴子騒動

三貴子…世界を任される三姉弟誕生?!

　最後に生まれた三柱の神さまにイザナギは大喜びでこう言った。
「私はたくさん子供を生んで、生んで、生んだけれど、最後に貴い子を三柱も得たぞ」
　イザナギは玉の首飾りを取って、玉をゆらゆら鳴らしてアマテラスに渡しながら
「お前は高天原を支配しなさい」
と言って命令し、任せた。この玉飾りは御倉板挙之神という。

 なんかおちゃめな渡し方すんじゃんナギさん。目の前でゆらゆらーって。ウケる。タカマガハラも出てきたね。色んな神さまが住んでるとこなんだっけ？

 その通り。これまでに生まれた神々も大半は高天原にいる

 んでこれさ、ネックレス？　も神さまってことなん？

 うむ。黄泉国の話で出た千引の石や桃もだが、優れたものが神としての性格を持つのはよくあることなのだ。そもそもが国生みで生まれた島々もそうだな

　次にツクヨミには、
「お前は夜の国を支配しなさい」
と言って命令し、任せた。

 おお、夜の王さま！　ツッキーえろ……じゃない、えらいひとだったんだね……

そうだぞ。敬え。あと、人ではなくて神だ
 じゃあこのあと大活躍するんだね！！　たのしみ！！！
 ……………………う、うむ。次行こうか。ほれ、弟の名前は聞いたことがあるのではないか？

　最後にスサノオには、
「お前は海を支配しなさい」
と言って命令し、任せた。こういったわけで、それぞれが任せられた仕事を真面目にやっていた。……のだが、姉弟の中でスサノオだけが命じられた海を治めるという仕事をせず、あご髭(ひげ)が腹の辺りに伸びてくるまでずーっと泣いていた。その泣きようと言ったらすごいもので、泣くための水分を世界から取って泣くものだから、青々と草木が茂った山は枯れるわ、川や海ですらも（スサノオ自身が支配を任せられているのに）みんな干上がってしまうほどだった。さらにはこれのせいで、悪い神が騒ぐ声が蠅(はえ)のように世の中に湧いて、あらゆるものに災害が起きるなど、えらいことになった。

 お、おおう……。スケールすごいね。神さまが泣くとやべ〜……

 これはスサノオの力の大きさも表している。我々三姉弟は持っている力が強いのだ。なので、うっかりするとこのように大変なことになる

　これを見たイザナギは、
「こらスサノオ、なんでお前は任された海をちゃんと治めないで泣いてばっかりいるんだ」
と聞いた。これにスサノオは、
「僕は母の国、根(ね)の堅洲国(かたすくに)へ行きたいと思って、泣いているんです」

と答えた。

 ネノカタスクニ？　ってなに？　お母さんのってことは、黄泉の国のこと？

 スサノオはそのつもりだろうな。ともあれ、わが弟は母上が恋しくて仕事を投げ出して泣いていたのだな

 マ？　スッサー、マザコンでニートだ……世界最初の

 むう……そう言われると返す言葉も無い

　これにイザナギは、それはもう激怒した。そして怒りに任せて、
「ならお前はこの国に住んではいかん！」
と言い、スサノオを勢いよく追い出してしまった。

 あ、やっぱキレた。ナギさんってば、あの世キライだもんね〜。ナミさんのこともあるし。ったく、短気なんだから。ショーワのオヤジって感じ

 それもあるが、やはり干上がらせて地上に迷惑をかけたからな。怒るのは仕方ない

 それにマザコンはともかく、ニートはまずいもんね……

 うむむ、事情はあることだし、ニートと言うのは止めてやってくれるかなあ

　イザナギは、今は滋賀県の多賀に祭られている。

三貴子騒動

アマテラスとスサノオ…弟の来訪に姉大慌て

　こういったわけで、スサノオは
「こんなことになっちゃったし、アマテラス姉さんに事情を話してから出ていこう」
と言って高天原に上った。スサノオが天に上る時、世界は山も川も揺れ動いて、国中、音を立てて震えた。弟が来ることを聞いたアマテラスはびっくりして、
「私の弟が高天原に来る理由は、絶対に良いものじゃあないわ……。私の高天原を奪いにきたのよ！」
と言った。アマテラスは男装し、いくつもの勾玉と弓矢の完全装備をして、堅い庭にふとももまで沈むほど足を強く踏みしめて、さらには雪のように蹴散らしながら、雄々しく待ち構えて聞いた。
「どういう理由で高天原に上がってきたの！？」

 スッサー、アマテラ姉ちゃんの信用なさ過ぎて吹くんだけど

 さすがにこれは姉上も慌てすぎというか、なあ。とはいえこの時の弟に信用があるかと言えば、無いんだが……

 ニートでマザコンで日本めちゃくちゃにした弟が自分の職場に来るんだもんね……

 言い方、言い方。……ええと、姉上の装備だが、髪は解いて左右にくくる、前に言った『みづら』という男の髪形に。髪と両手に五百個つないだ八尺（大きな）勾玉の飾り。背中に千本、腹に五百本入る矢入れ。弓の弦から腕を守る竹の鞆。そして弓だ

 お姉ちゃんの殺る気がヤバい……そんでアクセサリがやたら

でかいし多い……

この勾玉の表現は『八尺勾瓊之五百津之御須麻流之珠』となっていて、八尺の勾玉がたくさんあると。大きくて多いな

　スサノオはこれに答えて、
「僕に悪い心はありません。僕が泣くわけを父上が聞いたので『母上の国に行きたいんです』と答えたら『お前はこの国にいちゃあならん』と追い出されました。というわけで出ていくことを姉さんに話そうとして高天原に上ってきたんです。悪い心じゃないです。本当です」
　弟の説明にアマテラスも多少冷静になったのか、こう聞いた。
「……じゃあ、あなたの心が清らかなことをどうやって証明するの？」
　この問いにスサノオはこう答えた。
「二人でウケイという誓いを立てて、子供を生みましょう」

- え、え、えええええ？　また姉弟で子供？　しかも結婚してないのに！？　マ！？
- 落ち着け。これは儀式による神生みだ。何も性的に交わるわけではない
- ま、まぐ、まぐ、まぐわる……（真っ赤）
- やりづらいな、おい

三貴子騒動

誓約…姉弟の子作りは道具と歯を使う

　そんなわけで、アマテラスとスサノオはそれぞれ天の安河という川を挟んで誓約を始めた。アマテラスはスサノオの剣を求めて受け取り、三つにぶち折って、折った剣を玉のように音を鳴らしつつ、天の真名井という井戸で清め、さらによくかみ砕いて吹き出すと、その吹き出した霧から三柱の女神が生まれた。

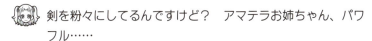
剣を粉々にしてるんですけど？　アマテラお姉ちゃん、パワフル……

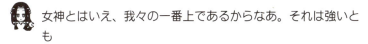
女神とはいえ、我々の一番上であるからなあ。それは強いとも

　スサノオのほうは、アマテラスの右・左の髪と、頭と、右手・左手にそれぞれ付けていた五セットの八尺勾玉飾りをお願いして受け取り、玉の音を鳴らし、天の真名井で清めて、順番にこちらもよくかみ砕いて吹き出すと、その霧で五柱の男神が生まれた。

神さま、歯、強！　ウケる〜

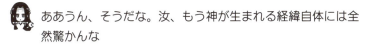
ああうん、そうだな。汝、もう神が生まれる経緯自体には全然驚かんな

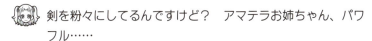
もうそこはびっくりするだけ損じゃん。でも歯、丈夫すぎでしょ。剣とか使わずに噛み付いたほうが強いんじゃない？

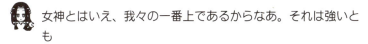
嫌だろう、噛み付いてくる神とか……。さて、ここで生まれた八柱の神々だが、例によってオモイカネがまとめてくれて

63

いる（次ページ）。この中で、あとで重要な役割を持って登場する神が二柱いる。こやつらのことは覚えておけ

 おっ、フクセンってやつだね

 その神々はスサノオが吹き出した五柱のうちの二柱だ。まず正勝吾勝々速日天之忍穂耳命（マサカツアカツカチハヤヒアメノオシホミミノミコト）、そして天菩卑命（アメノホヒノミコト）で……

 覚えられるかァ！ 長いよ名前が！！ マサカツアカカチ……うぇ、舌噛みそ

 う……うむ。アメノホヒはともかく、マサカツアカツカチハヤヒアメノオシホミミは確かに長い。神々全体でも五本の指に入る。だがまあ、次にとてつもなく長い名前の神が前からいましたよという風に出てきたらこの神と思え

高天原の外とか、怖くて嫌だな〜。なんか外って野蛮そうだしさあ

アメノオシホミミ（ミミさん）

　ここでアマテラスはスサノオに、
「このあとに生まれた五柱の男子は、私の持ち物から生まれたから私の子。先に生まれた三柱の女子は、貴方の持ち物から生まれたので貴方の子ね」
と言って、それぞれを分けた。

 そーゆーことになんの？

 まあ、姉上がこう言っているからな。そもそもこれ、条件を

はっきり決めずにやっておるから……

え、これ言ったモン勝ちってことなの

（聞こえないフリをして）さて、本文ではこのあと、ここで生まれた神々が色んな人間の一族の先祖になったことが書かれている。これもオモイカネがまとめてくれている

 オモイカネの「誓約の神々」

　オモイカネですよ〜。ここではアマテラスさまとスサノオさまによる誓約（うけい）で生まれた神々の詳細です。紬紀ちゃんも言ってましたけど、ご姉弟で子作りってドキドキですね！　こちらも神さまのリストは巻末（P.224）をどうぞ。

　さて、ここで生まれた神々ですが、スサノオさまの剣から生まれた三女神は、それぞれ古事記の本文にも「宗像（むなかた）の〇津宮に座す」と記され、現在も福岡県宗像市で祭られる三大神です。とても人々からの信仰が篤い神さまなんですよ。

　次にアマテラスさまの子とされた五柱の男神は、皆さま名前に「ヒ」を持つ神々です。「日」「火」に関係する力をお持ちであると考えられており、古事記でもあとで重要な役割で再登場する方がおられます。

　また、アメノホヒさまの子の建比良鳥命（たけひらとりのみこと）は出雲国造（いずものくにのみやつこ）他、六つの国造の祖先神で、アマツヒコネさまは十二の国造や直（あたい）・連（むらじ）の祖先です。国造は地方を治める豪族のこと、直・連は豪族や貴族の姓（かばね）……国における地位の称号なんですね。

　アマテラスさまのご子孫であるタケヒラトリさまの子孫が、のちに出雲の国造になっていることは、この後の国譲りの展開を思うと色々あったんだなあと思いますね……。気になる人は覚えておきましょう！

三貴子騒動

スサノオ大暴れ…アマテラス、弟をかばう

　この結果にスサノオはアマテラスに、
「僕の心が清いから、か弱い女神が生まれたんですよ。つまりこれが意味するのは、僕の勝ちということですね」
と勝利宣言をした。

 ……そうなんの？（二度目）

 そうなったようだ。姉上も、弟があんまり自信満々に言うものだから思わず認めてしまったのかも知れん。先ほども言ったが、最初に何も決めてなかったからな、この勝負

 雑みがすごい

　さて、勝ち誇って調子に乗ったスサノオは、アマテラスの田の溝を埋めるわ、畔を壊すわ、好き勝手に暴れた。さらに、大嘗をする屋敷があると聞き、うんこをまき散らした。

 子供か！　マジねぇわ……なしよりのなしだわ

 う、うむ……。こう記録に残されると、すごいな……ちなみに大嘗とは収穫の祝い事のことだな。神聖な儀式をする神聖な屋敷に糞をまいたということだ

 つーか田んぼ壊しちゃだめでしょ。うちの近くにもたくさんあっけど（島根県は米どころ）、そんなんしたらお米作ってる人かわいそーじゃん。食べ物で遊ぶのダメ絶対

ところが、この乱暴ぶりにもアマテラスは叱りもせず、
「可愛い弟のやることですから、うんちのように見えるものは、酔って吐いてしまったものでしょう」
「田んぼを壊したのも、畔や溝を新しくしようと思ってしたことでしょう」
と彼を庇った。

 あら、アマテラお姉ちゃん、ずいぶんやっさしー。さっきあんなんだったのに

 姉上は家族に甘いところがあるからな。最初は警戒したものの、一緒に子供を生んでみたり、暮らしたりしてみれば、弟可愛さが勝ってしまったのかも知れん

 ブラコンかあ。てかスッサーってさ、あの世行こうとしてたんじゃないの……？

　しかしこのスサノオ、まったく反省せずそのイタズラは収まることがなかった。
　アマテラスが機織りの建物にいて、神聖な服を作らせようと機織り女たちに命令した時、スサノオは天井から皮を逆さまに剥いだ天の斑馬（高天原の馬）を投げ入れた。それを見て驚いた機織り女が一人、股間を機織りの部品で突き、死んでしまった。

 いやあ、ここまで来ると、姉上のようには庇う言葉が思い浮かばんな……

 思い浮かばんでいーでしょこれ……さすがに女の人死んでるし洒落になんないって

 いや、それだけではない。スサノオの狼藉は、これすべて当

67

時における『天津罪』という罪でもあるのだ。神聖な建物に糞をする「屎戸」・田を壊す「畔放」と「溝埋」・馬の尻から皮を剥ぐ「逆剥」といって、当時の犯罪への考えが分かる

 やっちゃダメなことのモデルになっちゃうスッサー……アマテラ姉ちゃんが甘やかすから〜

 弟もなあ、こういうことで行跡を残さんでもよかろうに、まったくもう

三貴子騒動

天岩戸（入る）…お姉ちゃん、引きこもる

　　アマテラスもここまで来るとさすがに我慢の限界に来て、恐れて
天岩屋戸（天岩戸）というところに入り、立てこもってしまった。
　　アマテラスは太陽の神である。彼女が隠れたために太陽が昇らず、
天にある高天原も、地上の葦原中国もすべて暗くなり、世界が常に
夜になってしまった。あらゆる神々の悲鳴や文句が飛び交い、あら
ゆる災害が起こった。

アマテラ姉ちゃん、ひ……引きこもりじゃん！　しかもこれ
も世界初の！　ツッキーの家族、問題児多すぎない！？

思い出すだけでうんざりするところが来たな……。この時は
古事記に『常夜』とあるようにずっと夜でな。本当に大変だ
った……

あっそうか、ツッキー、夜の神さまだもんね。休めないじゃ
ん

本当に疲れたのだぞ、本当に。真面目に働いていただけで記
録には残っていないが

マジおつ。……にしても、パパはＤＶでママと夫婦喧嘩、弟
はマザコンのニートで暴れん坊、お姉ちゃんは引きこもりか
あ。なんてゆーか、今の家庭と変わんないね

分かった。分かったからその辺で止めよ。聞いておると落ち
込んでくる

やめなーい。スッサーが泣いてた時もみんなの悲鳴とか災害
とか、同じようなこと書いてあったよね。やっぱ姉弟だわ

69

姉上やスサノオのような、責任と力のある者は軽々しいことをせんでほしいぞ、はぁ……

　困った八百万の神々は天の安河の川原に神の会議をするために集まった。神々は会議で、タカミムスビの子である思金神（オモイカネノカミ）に対策を考えさせた。

解説はお任せくださいな！　作成会議も得意ですよ〜

オモイカネ
（オモカネさん）

 八百万（8000000）もいんの神さまって！？　マ〜？

 やおよろず、と読むのだ。意味は『とても多い』、ということで実際に八百万柱ということではない。神道ではあらゆる物事に神がいるという考えだからだ

 そんでオモカネちゃんいる！　タカさんの子供だったんだね

 ここで初登場だな。以降かなり名前を見ることになるぞ

 でもタカさんって独身ですぐ引退しちゃったんでしょ？　子供はいたのねえ

 これまでからも分かるように、強い神はそれ単独でも子供を生むことができる。別天津神であるタカミムスビさまならばなおのことだ

アマテラスに出てきてもらう作戦のために、色々な道具や生き物が用意され、作戦を行う神々が選ばれた。それは、高天原の生き物から石から鉄から木から神から、あらゆるものを山から川からかき集めて行われた。

 あら、またはしょったね

 姉上を引っ張り出す準備は大層なものでな。物も神もたくさん参加した。詳細はいつものようにオモイカネにまとめてもらっている（P.75）

 わ～……オモカネちゃん、お話の中でもこっちでも大活躍だあ。マジ卍

 （なんだそれ……）

三貴子騒動

天岩戸(出る)…アマテラス、大騒ぎを覗く

　用意した品々を、布刀玉命が太御幣としてまとめて持ち、天児屋命は祝詞を唱えた。天手力男神（アメノタヂカラオノカミ）は天岩戸の陰に隠れて、天宇受売命（アメノウズメノミコト）は天の香具山から取ってきたツルやカズラ、笹の葉などで着飾った。

腕力ならお任せあれ。というか、アマテラスさま意外に力がつよ……いえ、なんでもありません

アメノタヂカラオ
（タッチー）

は〜い、お触りは未来の旦那さん以外駄目ですよ〜。うふふ

アメノウズメ
（ウズさん）

 おー、なんだか分かんないけど、準備万端って感じだね。ふとみてぐら？　は神さまへおそなえ？　するもん？　で、ノリトってなーに？

 なんと、祝詞を知らんのか……。神へ祈りを伝える時に使う言葉だ。神主が神社でやっておるのを見たことないのか

 あー。『カシコミカシコミモースー』とかやってるやつね！　りょ！

アメノウズメは天岩戸の前へ桶を伏せて、その上に立って踏み鳴らし、（彼女自身神なのだが）神がかった状態になって乳を取り出して見せ、さらには服のひもを股間に垂らして見せて踊った。

 ひえー、す、ストリップじゃん……！　桶でお立ち台まで作っちゃって！

 うむ、陰部に着物の紐を垂らして見えそうで見えないようにするなど、ウズメにはなかなか焦らしの心得もあったようだ

 く、詳しく説明しなくていいって〜！　でもなんでストリップなんてしたの？

 それは当然、場を盛り上げるためだ。ここからの作戦ではフリではなく、本当に神々を沸かせなければならなかったからな

　これに、高天原が震えるほどに八百万の神々がみんなで笑った。この大騒ぎにアマテラスは何やら怪しいぞと思い、細く天岩戸を開いてその中から、
「私が隠れてしまったから、高天原も暗いし地上の葦原中国もすべて暗くなっていると思うのだけど。なんでアメノウズメは楽しそうにしてて、みんなも一緒になって笑っているのかしら？」
と聞いた。

 自分のせいで暗いのに、結構図々しいこと聞くねアマテラ姉ちゃん……

 生まれついての支配者だからな、姉上は

　アメノウズメはこれに、
「貴女さまより貴い神が来られたのですよ。それでみんなが喜んで

笑って遊んでいるのです」
と答えた。この時、アメノコヤネ（天児屋）とフトダマ（布刀玉）は「この方ですよ」とばかりに鏡を差し出しアマテラスに見せた。アマテラスは鏡に映った自身の姿を見ていよいよ怪しいと思い、岩戸から身を乗り出した。そこへ、隠れていたアメノタヂカラオが彼女の手を取って引っ張り出し、すかさずフトダマが後ろの戸にしめ縄を引いて入れないようにし、
「これより中に戻ってはいけませんよ」
と言った。
　こうしてアマテラスが外に出てきたので、高天原も葦原中国にも明かりが戻った。

みんなの協力で引きこもりだったのが社会復帰したのね……うんうん。良かったね

そういう言い方をされるとちと違うのだが……。まあそれはさておいて、今回の殊勲者はやはり作戦の中心を担ったアメノウズメということになるか

でもさあ、なんでアマテラお姉ちゃんは鏡なんて見て怪しいって思っちゃったの？

これは当時の日本で、鏡というものが非常に希少で重要な宝物であったことを意味する

昔の人は鏡もそんなに見ることなかったってことかあ。自分見て『ナニコレ？！』ってなって乗り出しちゃうのウケる〜。……でもさあ、こんな風にするより、最初から無理矢理戸を開けて出てこさせたらだめなの？

力技だなあ。それはさすがに最高神である姉上に非礼だと思うぞ。……とはいえ、世界が危機に陥っているにも関わらずそういう手段を取らなかった、いや取れなかったということ

は、天岩戸は姉上の呪力か何かにより、単純な腕力では開けられぬような状態になっていたのかも知れんな

ははー。さっすが太陽の神さま。本気で引きこもったらどうしようもないワケね

だから、そういう言い方はやめよと

オモイカネの「天岩戸の際に使われた道具と集まった神々」

　いや～懐かしいですね、アマテラスさま引っ張り出し大作戦！なんせ世界の危機なので、ぜいたくに色々使わせてもらったものです。手間暇かかってるんですよ。
　まずは「常世長鳴鳥(とこよのながなきどり)」というニワトリをたくさん集めて鳴かせました。朝ですよう、って呼びかけですね。

次は「鏡」作り。材料として天の安河の上流でとれる「天の堅石」、天の金山からとれる特別な「鉄」を用意し、作成者として鍛冶の神の鍛人天津麻羅さま、鏡作りの神の伊斯許理度売命さまにご協力いただきました。

　さらに「八尺勾玉の五百個の珠飾り」です。大きな勾玉を幾つも使って作ります。これは玉作りの神である玉祖命さまにお任せしました。

　そして儀式の次第を決める占いです。これには、布刀玉命さまと天児屋命さまの、二柱の神を主任に選びました。
　占いの道具として天香山という高天原の山に住む牡鹿を捕まえ、「鹿の肩甲骨」をくりぬきます。さらに「天香山の波波迦」……朱桜のことですね。このふたつを卜占（占い）に使いました。

　占いの結果に従い、「天香山の賢木」を五百本根こそぎ掘り出して、先ほどの珠飾りと鏡も含めて「太御幣」の材料にしました。太御幣とは、上の枝に「八尺勾玉の五百個の珠飾り」、中の枝に「鏡」、さらに下の枝に麻や楮の丹寸手（神に供える布）を付けた道具です。
　太御幣は神事を行うもので、神への捧げものですね。棒に紙の垂れをつけたものをご存じかと思いますが、あれが御幣です。ここで使われたものは太い榊の棒にたくさんの勾玉、鏡、布を付けたスペシャルなものになっております。

　これらの道具と、アメノウズメさまを初めとした神々の力をフルに使い、アマテラスさまを引っ張り出したのです。いやはや、こう書いてみるとゲームのイベントみたいですね！

三貴子騒動

スサノオの追放…スサノオくん、反省が無い

　八百万の神々はみんなで会議をして、スサノオへの罰として財産を没収した上、髭を切り、爪を抜いて罪を祓い、高天原を追放した。

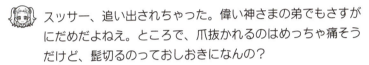
スッサー、追い出されちゃった。偉い神さまの弟でもさすがにだめだよねえ。ところで、爪抜かれるのはめっちゃ痛そうだけど、髭切るのっておしおきになんの？

これにはあれこれ説がある。爪も抜いたのではなく切っただけだというものもあるのだ。髭や爪を切るというのは、生えるものである生命の象徴を奪うことだという説、男性を表すものを奪うことだという説だな。また、体の一部を祓う……つまり禊ぎの意味もあるのではという説もある

　追い出されたスサノオは葦原中国（地上）へ行く途中、オオゲツヒメ（粟国である大宜都比売）に食物を求めた。

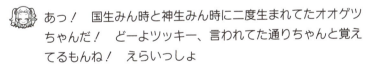
あっ！　国生みん時と神生みん時に二度生まれてたオオゲツちゃんだ！　どーよツッキー、言われてた通りちゃんと覚えてるもんね！　えらいっしょ

う、うむ、感心だな。……えー、では続きを聞くがいい

　オオゲツヒメは数々の美味しい食べ物を鼻と口と尻から出し、あれこれ調理していると、それをこっそり覗き見ていたスサノオは、汚いものを食べさせようとしていると勘違いし、オオゲツヒメを斬り殺してしまった。

77

- …………（ツッコミが追いつかない顔）
- あーまあ、気持ちは分かるが。食物の女神であるからな。体から出るのだ、食べ物が
- またオオゲツちゃん出たと思ったら口やお尻から食べ物出して……それは置いといて……いや置けないけど……斬り殺されて……
- うん
- なんなの！？
- うーーーーん……

　そして、オオゲツヒメの死体からは、頭に蚕・両目に稲・両耳に粟・鼻に小豆・股間に麦・尻に大豆ができた。これを、カミムスビが取ってこの世の食物の種にした。

- あっ、引退したカミムーだ〜。おコメとかってこの女神さまから出来てたんだね
- このように、女神の死体から食物の種が出来る神話は世界に多くある。この神話もその影響を受けたのだろうとされているな
- マ？　昔の人の発想やばいわ……そーいえば、カイコって虫じゃないの？　なんで食べ物と一緒に生えてんの？
- これは蚕による糸作りがこの時代、既に食物と並ぶほど重要な産業として成り立っていたとみるべきであろうな
- へ〜。絹の服とか着たことないけど、セレブって感じするよね

そしてこのオオゲツヒメ、父上と母上の間に生まれた女神であるわけだから、私、ひいては弟のスサノオにとっても姉にあたるのだよなあ。まったく、弟は短気に過ぎる

 あっ、マジじゃん。姉弟じゃん！　スッサーって、アマテラお姉ちゃんと対応が違いすぎる……。だいたい、食べ物のお祭りする建物にうんこしたのスッサーだよね！？　自分に甘くて人に厳しいヤツ！

美味しいご飯はいかが〜。あ、お料理してるところは見ないほうがいいですよ

オオゲツヒメ
（オオゲッちゃん）

三貴子騒動

八岐大蛇…スサノオ、追放されて親戚に会う

　高天原を追放されてしまったスサノオは、地上の出雲国肥川（島根県斐伊川）の鳥髪という場所に降り立った。

 あれ、出雲国って、また島根県じゃん！　出雲市に親戚いるよ、うち

 そうだ。この土地は古事記の中でも特別な場所だと言うことを重ねてよく覚えておくがいいぞ

　ちょうどその時、川から箸が流れてきたので、スサノオは
「上流に人がいるかな」
と思い川上に行くと、お爺さんとお婆さんが二人いて、女の子を挟んで泣いていた。
「お前たちは誰だ？」
とスサノオが聞くと、お爺さんが答えた。
「私は国津神の大山津見神の子です。名前は足名椎と言います。妻は手名椎、娘は櫛名田比売（クシナダヒメ）です」

 あっ、オーヤマさんって前に名前出たよね？　どこだっけ？

 父上と母上の神生みの時（P.42）だな。オモイカネが説明してくれたことを思い出せ。山の神の大元締めだ。彼はこのあとも名前が出る。地上の神のことを国津神というが、その国津神の中でも有力な神だ。その調子で覚えておけ

 ってことは、このお爺ちゃんとお婆ちゃんも神さま？

そうなるな。というか、我々にとっては兄の子だから、親戚だ。このように高天原でけでなく地上にも神々が暮らしているのだ

「お前たちはどうして泣いてるんだ？」
とスサノオがまた問うと、
「私には元々が八柱の乙女がいたのですが、八岐大蛇（ヤマタノオロチ）という化物が毎年やって来て食っていくのです。また、今年も来る時期なので、それで泣いているのです」
と答えた。

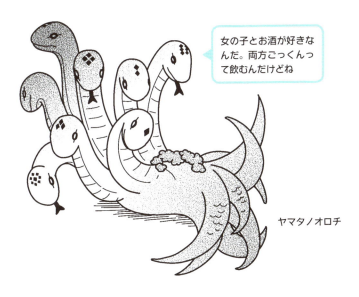

ヤマタノオロチ

 おお、急に冒険ものみたくなったね

 ここからは我が弟のスサノオが主役となり、話が進んでいく。人の間でもひと際有名な話であると思うが、どうだ？

うん、ヤマタノオロチは知ってる！ 子供のころ絵本で見たしゲームとかマンガでもたくさん出てくんよ！ そうかあ、コジキのオバケだったんだあれ

 ヤマタノオロチは原文では『高志之(こしの)』と頭に付いている。高志とは越——現在の福井県や山形県辺りを指すとされている

 遠くからにょろにょろ来てんのね、ヤマタノオロチ。そりゃ年イチにもなるか

 この辺りの物語は絵になるからか、紙芝居や絵本でも人気だとオモイカネが言っておった。図書館にでも行った時見てみよ

三貴子騒動

八岐大蛇の見た目…あまりにでかい！

「ふうむ。その姿はどんな感じなんだ？」
と、スサノオが八岐大蛇の姿を聞くと、アシナヅチは答えて、
「やつの目は赤かがちのように真っ赤で、ひとつの体に八つの頭と八つの尾があります。その体にはヒカゲカズラや檜に杉が生え、体の長さは八つの谷と八つの山に渡り、その腹はいつも血でただれています」
と説明した。ここで赤かがちと言われているのは、今でいうホオズキである。

デッッッッッッッッッッッカ！　ヤマタノオロチでっか！！　何ｋｍあんの！？

うむ、でかい。何せ古事記どころか日本神話全体でも最大の化物だ。さて、人間たちは、古事記のこの怪物を現実のものに置き換えようと色々考えているようだ。製鉄をしていた一族の比喩だとしたり、増水して村を襲う斐伊川だとしたりだな

しかしこれを聞いたスサノオは、老人へこう言った。
「このお前の娘、私にくれるつもりはないか？」

およ〜？　スッサーさ、娘寄こせってこれヤマタノオロチとおんなじこと言ってない？

弟は神だ。食うわけはない。要は嫁にくれということだ。これにより『スサノオの嫁を奪いにくるヤマタノオロチ』とい

83

う対立関係が発生するわけだな

あ！　つまりスッサー、お嫁さんのクッシーを助けてあげるわけだ！　えらいじゃん！！　ちょっと前までとは大違いだ！

『守ってやるから嫁になれ』だなんて……死ぬ前に一度言われてみたかったんです♪

クシナダヒメ
（クッシー）

　アシナヅチはさすがにすぐにはいとも言えず、
「おそれ多いことなんですが、まだ貴方のお名前すらも知りません」
と、もっともなことを言った。スサノオは答えて、こう言った。
「私は天照大御神と母親が同じ弟だ。ついさっき天から降りてきたのだ」

す、スッサー……！　二回もやらかして追い出されてきたくせに〜

おほん。まあそれを言ってやるな。弟も初めて他の者から頼られる立場となって、神としての自覚が出てきたのかも知れんのだからな

そっかあ。考えたらアッシーお爺ちゃん、スッサーにとっては甥っ子だもんね。……ん？　甥の子供って何て言うんだっけ……？

ええと……人間の続柄で言うなら、又姪だな
 それお嫁さんにくれって……いいの？　セーフ？　ホーリツ的にどう？
 こ、細かいな。神のことに法律も何もあるものか。それに、現代の法律に照らしても四親等だから合法だ。……人間でこんなことはあまり無いだろうがな

　これにアシナヅチとテナヅチの夫婦神は、
「そのように畏れ多い御方でしたか。そういうことでしたら、どうぞ嫁に差し上げます！」
と答えたのであった。

三貴子騒動

八岐大蛇退治…スサノオ、大怪獣と大決戦！

　スサノオはクシナダヒメを櫛に変化させて髪にさした。そしてアシナヅチに、
「お前たちは八塩折の酒を作って、周りに垣根をめぐらせて、門も八つ作り、八つそれぞれに台も作り、そこに桶を置いて、八塩折の酒を入れて待て」
と作戦を話した。

 スッサーが急に魔法使ったよ！　クッシー、櫛にしちゃった

 神であるならばこの程度はな。ここで急に出てくる八塩折の酒というのは、何度も発酵──醸して作った非常に強い酒のことだ

 あと、ヤマタノオロチの名前からクッシーの姉妹が元々は八人とか、ここの話とか、めっちゃ『八』って出てくるね

 八というのは、多いことを表したり、縁起ごとによく使われる数だな。この辺りで何度も何度も使われるのは言葉遊びに近い

　さて、すべて指示通りにして、準備をして待っていると、ヤマタノオロチは老夫婦の言葉通り本当に来た。オロチは八つの頭をそれぞれ酒桶に突っ込んで呑み、すっかり酔い潰れて動きを止め、寝てしまった。

 あららら。オロチくん超単純

これまでアシナヅチ夫妻は、ヤマタノオロチに要求されるままにしていたのだろうな。なので奴も疑いもせずもてなされてしまったのだろう

　スサノオは十拳の剣を抜いて、斐伊川が血に染まって流れるほど滅多斬りにした。

 うおーかったー！　でもスッサー、ちょっと卑怯くさーい

 そう思うか。だが古事記においては、勝てば良いというか、卑怯という考えはあまり無い。騙し討ちの記述はあとにもあって、それも肯定的に捉えられている。知恵を使って勝つ、ということは重要だと思われていたのだ

 ふーん。でもスッサーったら、めっちゃくちゃ、すっげーでかいヤマタノオロチ、よくズバズバ斬れたよねえ

 もしかしたら、戦闘にあたり巨大化でもしたのかも知れんな。

それなら、『娘を櫛にした』という話もそのまんま髪に入れただけのことかも知れん

あー。カミサマってサイズよく分かんないもんね。ナミさんも島生むし

　尻尾を斬った時に剣が欠けこぼれたので、怪しいと思って調べると、尾の中に都牟羽の剣があった。スサノオはこれを取り、ただの剣ではないと思い、高天原にいる姉のアマテラスへと献上した。これがのちに言う草薙の剣である。

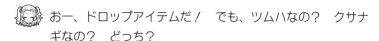おー、ドロップアイテムだ！　でも、ツムハなの？　クサナギなの？　どっち？

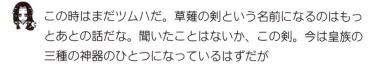この時はまだツムハだ。草薙の剣という名前になるのはもっとあとの話だな。聞いたことはないか、この剣。今は皇族の三種の神器のひとつになっているはずだが

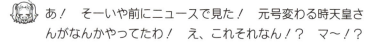あ！　そーいや前にニュースで見た！　元号変わる時天皇さんがなんかやってたわ！　え、これそれなん！？　マ〜！？

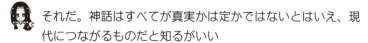それだ。神話はすべてが真実かは定かではないとはいえ、現代につながるものだと知るがいい

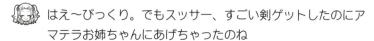はえ〜びっくり。でもスッサー、すごい剣ゲットしたのにアマテラお姉ちゃんにあげちゃったのね

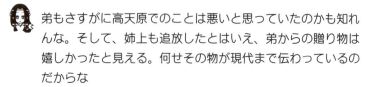弟もさすがに高天原でのことは悪いと思っていたのかも知れんな。そして、姉上も追放したとはいえ、弟からの贈り物は嬉しかったと見える。何せその物が現代まで伝わっているのだからな

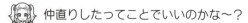仲直りしたってことでいいのかな〜？

三貴子騒動

スサノオの宮殿作り…初めての神社と和歌

　スサノオは自分の宮殿を出雲に作ることにした。そして須賀という場所に来た時、
「私はこの地に来て、心がすがすがしくなったぞ！」
と言い宮殿を作った。なので今、そこは須賀という。

 急に駄洒落！　てか「今、そこは須賀という」って、島根県の須賀？

 この辺りは言葉遊びが多い箇所ではあるな。日本初の駄洒落ということになるか。そしてこの土地は汝の言う通り、須賀だ。今は大東町という名前になるのだったか

　スサノオが初めて宮殿を作ると、その地から雲が立ち昇った。これを見たスサノオは喜んで、歌を作った。その歌とは、このようなものだった。
「八雲立つ　出雲八重垣　妻ごみに　八重垣作る　その八重垣を」
（訳：八重に立ち昇る雲、出る雲のような八重の垣よ、妻とこもるための。八重垣を作るよ。この八重垣さ）

 弟のこれが、この世で初めての和歌とされておる

 ワカってあれでしょ、ゴーシチゴーシチシチ。ハイクにおまけついたやつ

 和歌のほうが成立は先だぞ……

 細かいことはまーいーじゃん！　で、まためっちゃ『ハ』な

89

のね

序文の通り、古事記は各地の伝承が集められて作られたわけだが、この箇所の伝承を作った者が、こういうのが好きだったのかもなあ

それにしてもきゅーに頭良くなった感じ。スッサーなのに

なのに、って汝なあ……。ま、弟も神としての自覚が出てきたというところかな。人間側の研究を言えば、スサノオは元の神だけではなく、他の色々な神の伝承を吸収したという説もある。だから性格や行った仕事が多彩なのだな

　そしてアシナヅチを呼んで、
「お前に私の宮殿の代表を任せよう」
として、稲田宮主須賀之八耳神と名付けた。

おっ、ギリのパパを偉い人にしたね。ユチャクだユチャク

こら、言葉が過ぎるぞ。自分を崇める者を管理者にする。流れとしては当然のことだ

えへへ。そいやさ、この神社も今に残ってんの？

うむ。島根県雲南市大東町の須我神社だな。ここは『和歌発祥の地』で『日本初の宮』……最初の神社であると名乗っている。事実はともかく古事記の記述をそのまま信じれば、そうなるな

あー！　そこも知ってるわ。近くに温泉ある。うわー。マジで島根、神の国じゃん

だから、そう言っとろうが

スサノオとクシナダヒメは、寝室で交わり、八嶋士奴美神という名の神を生んだ。

ここからは、スサノオの子孫の神々が並ぶ。またで悪いがオモイカネに任せよう（下の囲み）

はわわ。ここはちゃんとベッドシーンなのね……

　オモイカネの「スサノオの系譜」

　ちょっと久しぶりな気がするオモイカネです。
　ここではスサノオさまとクシナダヒメさまの結婚により次々と子孫が生まれ、時が流れていきます。その子孫さんたちですね。
　神さま方のお名前は巻末（P.225）に記載するとして、ここではどのような形で子孫が続いていったかを語りたいと思います。
　スサノオさまの子供には国をよく知る神や穀物の神がおり、さらにそこへ多くの水の神が子孫たちと結婚なさいます。生まれる子孫たちも、水の神さまが多いようですね。国を治めるためには、灌漑や洪水対策など水の問題は切っても切れない問題です。親子関係を見ていくと、スサノオさまの子孫はオオヤマツミさまを初めとする地上の神々、つまり国津神であろう神の娘さんたちと次々結婚していくことが分かります。地上の有力者と次々に結婚していって、権力を確かなものにしていったわけですね～。
　そして最後には、次のシーンから主役を務める大国主さまが生まれます。この神さまはたくさんの名前を持ち、大穴牟遅神、葦原色許男神、八千矛神、宇都志国玉神という五つの別名を持っています。それだけ、色々な役割を持つ神と言えるでしょう。
　また、系譜の中には由来がよく分かっていない神さまもおられます。とはいえ、スサノオさまの子孫と結婚し、オオクニヌシさまへとつながる系譜の中に登場するからには、かつての有力な地方の神さまであったのかも知れません。

一旦休憩。JK、神さまにちょっと詳しくなる

「これにてこの世の始まりから高天原の話は一旦終わり、次からは舞台が本格的に地上となる。先のスサノオの子孫で最後に名前が出た、オオクニヌシが中心となってくる」

　ぱたり、と月読が古事記を閉じる。地上、という言葉に紬紀がふと眉をへの字にする。
「あのさーツッキー、ツッキーってちょこちょこ『この時の人はこー思った』とか『ほんとーかはわかんない』って言ってたじゃん」
「そんな頭悪そうには言ってないが、そうだな」
　月読の返答に、さらに紬紀の眉は複雑な形となる。
「でもツッキーってマジ神なわけでしょ？　そんならコジキの話、ほんとにあったことじゃないの？　しょーじきマジで〜？　って思うけどさ」
　これに、月読はほほうと笑った。
「なかなか、汝なりにものを考えておるのだな」
「なーによそれ〜」ぶうたれる紬紀である。
「むくれるな。褒めている。確かに我は神である。だがな、古事記とは結局、かつてあったことを人間が時を超えて伝え、解釈し、伝承としたものだ。さらにそれは、稗田阿礼と太安万侶を通して古事記になっておる。意味が分かるか」

　紬紀はしばし考えて──指を立てた。
「……伝言ゲーム？」
「そのようなものだ」月読は頬をゆるめる。「結局のところ、物事を事実そのまま完全に伝えた書物など無いと知るがいい。古事記は神を語った人の書物である。汝ら人間にとって、貴重な歴史であり文

学ではあるが」

「分かるよーな分かんないよーな……ツッキーはここにいるしな〜」

「ふふ。さて、今日のところはこのくらいにしておくか。我もそろそろ仕事の時間だ」

　紬紀がはっと周囲に意識を戻せば、空はもう薄暗くなっていた。月が出る頃合いだ。思金も、鏡の向こうで周囲を見回す所作を見せた。

「ああ、もう日没時間ですね。お疲れさまでした。私もお仕事に戻りましょうかね」

「うわもうこんな時間？　やっば」少し慌てて、彼女は月読へと向き直る。「いやでもツッキーすごい！　めっちゃ面白いもん！　学校の先生になれば！？」

「ぷふっ……」思金が吹き出し、

「神に何を言っておるのだ、汝は」月読が憮然とした。

　そうでした、と紬紀は舌をぺろと出し、立ち上がる。

「ツッキーさ、明日もいる？」

「今日のような時間ならばな」

「んじゃ続きお願い！　えへへ」

　文字通りの神頼みと手を合わせる少女へ、月読は嘆息する。

「まあ、よかろう。上巻も途中であるしな。汝は物覚えが悪そうだし時を置かぬがよい」

「うわひっど。まーホントのことだしいーけど。んじゃ、また明日ね！　ゼッタイだよ！」

　ぶんぶん手を振り境内から出ていく紬紀を、妙なことになったと月読は見送る。その背に声がかかった。

「月読命が御来訪されるとは、なんとも珍しいことですな」

　月読が振り返る。その先には袴姿の老人がいた。この神社の神主である。

「おう、久しいな。──随分老いたものだ。やはり人の世は移り変わりが早い。神語が霞むのも致し方無しか」

「前にお会いしたのは50年も前ですからね。……さっきまでいたのは元田さんちの娘さんですか。あの子も大きくなった」

　神主も目を細める。

「所詮は瞬きの間に過ぎゆくことよ。大したことでもない。──数日、ここに降りるぞ」

　神にとって神社は別荘のひとつのようなものである。にこやかに神主も頷いた。

「とゆーわけで、アマテラお姉ちゃんは引きこもりを止めさせられたのでした！」

　翌日、昼間の教室。朗々と古事記の内容を読み上げる紬紀の声が響いていた。

「よく勉強してるな元田。ちょいと脚色はあるが、だいたい合ってる」

　教師の賞賛に、おお、と生徒たちのどよめきが教室に浮き上がる。友人たちの驚きの視線を受け、少女はふふんと鼻を鳴らす。

「どしたんよツムツム。この前はあんだけ『わっかんない〜』とかぶつぶつ言ってたのに」

　放課後。友人に囲まれて紬紀はご満悦であった。なにせ苦手の勉強でちやほやされるのだ。面白くないわけがない。

「にひひ、ちょっとイケメンの家庭教師がついてさ〜」

「うっわ何ソレ。ずりい。あーしにも紹介してよ」「あたしも」「私にも！」

「いやいや〜。ツッキーはウチの地元から離れらんないからね〜」

「ああ……あんたの家遠いもんね。通学、バスで乗り換えして一時間だし」

　ここ山陰では学校まで20ｋｍ、通学一時間という距離は決して珍しいものではない。さらには、それすら自転車で通学する剛の者もいる。そんなわけで、

「今週は早めに帰んねわたし」

「へいへい。イケメンの家庭教師さんにヨロシク」

「たっだいまー。おかーさん、お菓子あるー？」
　手を洗いなさーい、という幼児相手のようなお説教を聞き流し、紬紀は家の棚を漁る。ややあって、にんまりと彼女は笑った。

「ツッキーこんちゃー！　コジキ、やろ！　今日はお菓子持ってきたし！」
　作法も何もあったものではなく境内に入ってくる少女に、月読はやれやれと用意した敷物を示して茶を取り出す。
「おお、お茶が！　あんがと！」
「神主の厚意だ。あとで礼でも言っておけ。それでは始めるか」月読が古事記を開いた。「昨日も言ったな。前回の最後に名が出たスサノオの六代のちの子、オオクニヌシ。この者が次からしばらくの間、中心的立場となる」

大国主の恋

因幡の白兎…兎、騙したらしっぺ返しを食う

　かつて、大国主神（オオクニヌシノカミ）の兄弟神は八十神といってたくさんいたのだが、彼らは国をオオクニヌシに譲って去った。その理由をこれから語る。

　これも八十人いたってわけじゃないのね？　八十って多過ぎだし

　さすがに覚えてきたか。たくさん、という意味だな。といって、実際に何柱いたかははっきりと書かれてはいないのだが

　八十神たちは稲羽の八上比売（ヤガミヒメ）と結婚したいと思い、みんなで稲羽に行く時、弟である大穴牟遅神（オオナムジノカミ）に荷物を背負わせ、召使いとして向かった。

オオクニヌシ
（オオちゃん）

「国作りへの道のりは長い……みんなに助けてもらわないとね！」

ヤソガミ
（ヤソガミブラザーズ）

「私たちは何をするにも一緒なのだ！　もちろん結婚もな！」

🧒 おおなむじ？　だれ？

👧 昨日のことを忘れるんじゃない。解説したオモイカネが哀れだろう。オオクニヌシの別名だ

🧒 あーそっかそっか。でもオオちゃん、大分立場弱いね。同じ弟でも、スッサーなんてあんなだったのに

👧 ……んんん、頼むから、我が弟を基準にしないでくれるか。あれは色々と特別だ

　一行が気多の岬というところに来た時、皮を剥がされて裸の兎がいた。八十神たちはその兎に、
「お前は、海水で体を洗って、風に吹かれて高い山の上で寝るといい」
と伝えた。兎が八十神の言う通りに海に浸かり、山の上で寝ていると、塩が乾いて、風で全身の皮が裂けた。

🧒 あいだだだだ。聞くだけで痛い。というか兎さん、毛皮剥がれてよく生きてるね

👧 そうは見えんが、この兎も神のうちだからな。その程度では死なないということだ。ちなみに気多の岬というのは、鳥取市の気高町と言われており、稲羽とは鳥取県東部辺りだ。『因幡の白兎』の元の名前だな

> ひりひりする……痛いよ〜

イナバノシロウサギ
（ウサギん）

🧒 あ、お隣県だね。やっぱご近所だな〜

　兎が痛くて泣いて寝ていると、最後にオオナムジが現れ、兎を見て

「何で泣いているの？」
と聞いた。これに兎は答えて語りだした。
「僕は隠岐島に住んでいました。こちらの地へ渡りたいと思ったんですが、方法が無かったんです。なので、海のワニを騙したんです」

 えっうそ、海にワニいたの！？　こえー！

 これは方言で、実際はサメのことと言われている。とはいえ、実際に日本にワニが泳いできたこともあったようだが……

 マ？　ワニすげー。でも隠岐の島ってまた島根県だね。地元感強すぎてウケる

「ワニに『僕と君で、一族の数の多い少ないを競おうじゃないか。君は一族のみんなを全部連れてきて、この島から気多の浜まで、みんなで並んで伏せて渡してよ。そうしたら、僕はその上を踏んで走りながら数えれば、僕と君の一族でどっちが多いか分かる』と言ったのです。こうしてワニを騙して並んで伏せさせて、僕はその上を踏んで数えて渡ってきました。そうして、地面に降りようとする時に『君は僕に騙されたのさ！』と言った途端、最後に伏せていたワニが僕を捕まえて、皮をみーんな剥いでしまったのです。それで泣いていたんですが、先に来た八十神の皆さんが『海水を浴びて風に当たって寝ていろ』と言うので、その通りにしていたら、僕の体はボロボロに傷ついてしまったのです」

 ウサギん、詰めが甘いな〜。てか、普通に数えて比べてバイバイすりゃいーのに

 八十神も意地が悪いが、この兎も多少性格が悪いな。自分が騙したことを相手に知らせずにはいられなかったと……余計なことを言うべきでない、教訓のたぐいだな

オオナムジは、この兎にこう教えてやった。
「すぐ川の入り口に行って、真水で君の体を洗って、蒲の花粉を取ってまいて、その上で寝転がれば、君の体は元のように必ず治る」
　この教えの通りにすると、兎の体は元の通りになった。これが稲羽白兎である。今は兎神ともいう。

 ガマってあれ？　ソーセージみたいなのの中に、綿みたいなのが入ってるやつ

 それだ。蒲の花粉には止血や擦り傷に効果があるとされている。生薬にも使われているな

 でも実際、ガマで毛皮の代わりにはなんないでしょ〜

 この話で重要なのは、オオクニヌシがこういった知識の力を持っていることだな

　兎はオオナムジに向かって、
「八十神たちはヤガミヒメと結婚はできないでしょう。荷物持ちの袋を背負ってはいますが、あなたが彼女を手に入れることでしょう」
と予言した。

 あー、これが因幡の白兎かあ。名前は知ってるけどお話ちゃんと聞くの初めて。家にあった白ウサギフィナンシェ、食べる？

 貢物とは感心な心がけ。汝らは神話を菓子にするのが好きなことよな。オロチの卵饅頭などというものも見たぞ

 むぐむぐ。おいしー。でもイナやん、予言なんてできちゃう

白ウサギフィナンシェ：鳥取県の銘菓。兎の形で甘くてほろほろ。おいしい。

の

確かに、割と唐突な能力の発揮ではあるが。兎神は蒲の花粉で体を治したことから医療の神として、またこの予言から、縁結びの神として崇められているぞ

え、縁結び？　マ？　ちょ、ちょっと行ってみよかな……

ほう、なんぞ意中の男子でもおるのか

イケメンで〜、やさしくて〜、背〜たかくて〜、お菓子いっぱい買ってくれるカレシほし〜！

聞いたのが間違いであった……

大国主の恋

二柱の女神…フラれた腹いせで迫害される弟

　兎の予言通り、ヤガミヒメは八十神の求婚に答えて、
「私はあなた方の言うことは聞けません。オオナムジに嫁ぎます」
とスッパリ断った。

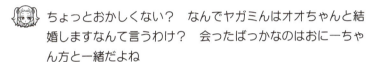
ちょっとおかしくない？　なんでヤガミんはオオちゃんと結婚しますなんて言うわけ？　会ったばっかなのはおにーちゃん方と一緒だよね

さて。詳しくは書かれておらんな。ぞろぞろと表れて集団で求婚してきた八十神たちに引いたのかも知れんし、もしかすれば兎と裏でつながっていたのかも知れん

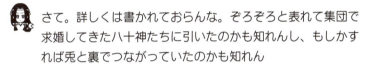
んー、弟一人に荷物持たせてたらロクなもんじゃないなとか思っちゃうかもね

　これに怒った八十神はオオナムジを殺そうとみんなで計画した。伯耆の国（鳥取県）の手間山のふもとで、
「この山に赤い猪がいる。我々が追いかけて山から下ろすから、待ち受けて捕らえろ。もし捕らえられなければ、お前絶対殺すからな」
と命じて、火で真っ赤に焼いた猪に似た岩を転がし落とした。オオナムジはイノシシが追い下ろされたと思い、これを捕えようとして、岩に焼き付いて死んでしまった。

えっぐ。ヤソガミブラザーズえっぐ！　フラれたからってそこまでする～！？

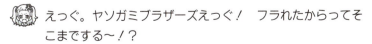
んむ、しかも集団でこれだ。あまり褒められたことではない

な。こういう性根をヤガミヒメは見抜いておったのかもなあ

これにオオナムジの母神（刺国若比売（さしくにわかひめ））は悲しんで、天に上ってカミムスビにお願いした。カミムスビは蚶貝比売（キサガイヒメ）と蛤貝比売（ウムカイヒメ）を派遣して、生き返らせるように命じた。キサガイヒメが自分の貝を砕いて作った粉を集めて、それを待ち受けたウムカイヒメが母乳で溶かし、それを塗ると、オオナムジは美男子に戻って甦った。

- ええ？ 簡単に生き返っちゃった。ナギさんあんな苦労して駄目だったのに

- カミムスビさまは最高神である姉上の親である父上、そのさらに上の神だ。そのようなお方の遣いであるからな。そして貝を削って作った粉末は、かつては薬として使われていた。ここの生き返らせる手順には、他にもいくつかの説がある

- あ、だから生き返らせるのは貝の神さま（貝比売）ってことなのね。おっぱいはなんで？

- 母乳というのは生命の象徴であるからな。またこれは、ウムカイヒメがハマグリの神であることから、ハマグリの汁だという説もある。古代では火傷の薬として使われていた

- さっきのガマの花粉と一緒で、昔のお薬なのねえ

- そして死んでしまったオオナムジのほうも、死んですぐよみがえったものだからな。ヨモツヘグイする（黄泉の国の食べ物を食する）前だったのだろうよ

- キンキューキューメイでも、スピードが大事ってよく言うもんね！

大国主の恋

しつこい八十神…弟、またしても迫害される

　ところが元気なオオナムジを見た八十神は、またオオナムジを騙して山に連れていった。山に入って大木を切って、くさびを立てて隙間を作った。その中へオオナムジを入れ、くさびを外し、挟むことで再び殺してしまったのである。

 弟に対してヤソガミブラザーズの殺意がすごい。殺伐すぎでしょ。しっかしオオちゃん、簡単にだまされて殺されるよね？　お人好しなの？

 うーん。この時は未だ未熟なころ、という表現なのかも知れん。神々に助けられ成長していくのがこの神だ。ほら、また助けが入るぞ

　母神はまた泣いてオオナムジを探し、見つけて木を裂いて助け出し、生き返らせた。

 うんうんママ神さま、愛が深い。……ところでこれどうやって生き返らせたの

 省略されておるから分からん。またカミムスビさまに頼んだのか、それともやり方が分かったから自力なのか。ともあれ、母の愛でオオナムジは二度の死を乗り越えた

　母神はオオナムジへ、
「あなたはここにいると最後には八十神に滅ぼされてしまいます」
と言い、木国（今の和歌山県）のオオヤビコの元へこっそり送った。

お？　カタカナ名前、ってことは前に出た神さま？

ああ。父上と母上の神生みの際に生まれた家屋の神、大屋毘古神(おおやびこのかみ)だ。同名の別神とする説もあって、その場合はスサノオの子供になる

　それでも八十神はオオナムジを探し出し、矢を構えてオオヤビコにオオナムジを引き渡すよう求めた。オオヤビコは、
「スサノオさまのいる根の堅州国(ねのかたすくに)へ行きなさい。必ずやよく相談するのですよ」
とオオナムジを木の股から逃がした。

ヤソガミブラザーズは執念深いなあ。女の子を取られたくらいでこれは無いわー。こりゃモテないね。最悪

汝、つくづく神に容赦無いな……

そんでスッサーまた出てくるのね。ネノカタスクニ？　にちゃんと行けたんだねえ。タカマガハラで遊び倒したり、島根で結婚したり、とっくに忘れてたのかと思ってたわ

そう思うのも、まあ無理はないか。弟は寄り道が多い。根の堅洲国は地下にあると思われていたので、木の股……要は根っこだな。そこを通っていったわけだ

大国主の恋

根の堅州国…超スピード婚！ 神の恋愛は突然

　オオナムジは言われるまま、スサノオの住む場所、根の堅州国へとやって来た。するとすぐにスサノオの娘である須勢理毘売（スセリビメ）が出てきた。二人は互いに目が合っただけで恋に落ち――つまり一目惚れ、その場で結ばれた。

 いき！ なり！ 最後まで！ しちゃったよ！！ ヤガちゃんどーすんの！！ はー焦るわ神さまの恋愛……。あれ？ でも、オオちゃんってスッサーの子孫って前……

浮気は駄目ですよ、ア・ナ・タ♪ 先約？ 知りませんわ

スセリビメ
（スセちゃん）

 おお、覚えていたか。そうだぞ。六代あとだ

 また親！ 戚！ じゃんかよ！

 六代も離れておれば、問題ない問題ない。今の法でも大丈夫であろ？

 神さまのそーゆーとこマジでビビるんだけどー

　そしてスサノオの屋敷に帰って、スセリビメは、
「すごく素敵な神が来ましたわ！」
と結婚報告した。するとスサノオが現れ、
「この者はアシハラシコオという奴だ」
と言い、自分の屋敷へと呼び入れた。

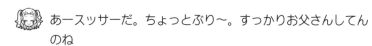

- あーッスサーだ。ちょっとぶり〜。すっかりお父さんしてんのね
- 突然結婚報告されたのだ。弟も驚いたことだろうな
- アシハラなんとかって、前にオモカネさんが言ってたオオちゃんの別の名前?
- そうだ。意味としては葦原中国(あしはらのなかつくに)のシコオ、つまり地上の強い男という意味だ。つまりスサノオは一目見て、オオナムジを地上の神だと見破ったわけだな。この辺りはさすがに、引退したとはいえ弟もさるものだ
- そーなんの? シコオってなんだっけ
- ほれ、以前黄泉でヨモツシコメ(予母都志許売)という『黄泉の恐ろしい(強い)女』という意味の神がいただろう。アレと同じだ。男だからシコオとなる
- へー。オオクニちゃんどっちかっていうと頼りないのにね
- ま、まあこの時点ではまだな。将来性を見た、というか……そういう具合だ、おそらく
- ほんとかな〜? そんでさ、地上の神さまってのは分かってたとして、スッサーはオオクニちゃんを自分の子孫だって分かってたの?
- これが言及するような記述が無く、よく分からん。オオナムジのほうから弟を見た場合は、偉大な先祖なのだから知っていてもおかしくはないが……弟のほうは、このあとの対応を見ると、なあ
- ほうほう。このあと

大国主の恋

スサノオの試練…急に現れた婿をいびる義父

　オオナムジが入れられたのは、蛇の部屋だった。ここに妻のスセリビメは『蛇のひれ』を持ってきて、夫に持たせて言った。
「もし蛇が嚙もうとしてきたら、これを三回振って追い払って」
　教えられた通りにしたところ、蛇は大人しくなりオオナムジは安心して寝た。翌日の夜には、百足と蜂の部屋に入れられた。ここも、前の夜と同じように『百足と蜂のひれ』をもらい、虫を大人しくさせたので、安心して寝て、出ることができた。

 いきなり義理の息子いびりが始まった！　スッサーインケンだあ。娘さん急に結婚したから怒ったのかな？

 うーん。ひょっとしたらそれもあるかも知れん

 ところで、『ひれ』ってなーに？

 ひれとは、呪力がこもった布のことだ。蛇のひれ・百足と蜂のひれ、ということはそれぞれを除ける道具だな

　次にスサノオは音の鳴る鏑矢を大きな野原に放ち、オオナムジに取りにいかせた。彼が野原に入った時に、火をつけて野原を周りから焼いた。オオナムジが脱出できずにいると、鼠が来て言った。
「内はほらほら、外はすぶすぶ」

 …………ネズミ、何言ってんの？

 暗号のようなものだ。内側はほら、つまり洞穴のようになっている。外側はすぶ、つまりすぼまって狭い。地下に洞穴が

あるぞ、と知らせたのだ

えー。わっかんないよ。ふつーに言えよお

ともあれ、オオナムジはその意味を一瞬で理解する知恵の持ち主だった

　オオナムジが辺りを踏むと、中は空洞のため地下へと落ちた。穴に隠れている間に、火は焼け過ぎていった。

やった〜！　しっかしスッサーの殺意がすごい。相談に乗ってくれるんじゃないの

これはオオナムジへの試練なのだ。弱いまま戻ってもまた殺されるからな

あ、要するに漫画で言う修行パートなんだ！　でも助けられてばっかじゃん？

前に言ったであろう。オオナムジは様々な者の助けを得て成長する神なのだ。王の素質、とでも言うか。また、ひれのように魔力のある道具や、先ほどのように暗号をすぐ理解する知恵。これらを、試練を乗り越えるごとに身に着けていくのだよ

　そして、ネズミが鏑矢をくわえて、オオナムジに持ってきてくれた。しかし、矢の羽根はネズミの子供たちにみんな食べられてしまっていたのだった。

ちゃんちゃん、って感じのオチがついたね、急に

元の伝承にはこういう話にオチをつける技術が入っていたのかもなあ

大国主の恋

スサノオとの雪解け…とうとう婿を認める義父

　オオナムジが脱出してこないので、スセリビメは夫が死んだと思い、泣きながら葬式道具を持ってきた。父のスサノオもそう思って、野原に立っていた。

 はやとちり親子……葬式道具まで持ってきちゃった

 スセリビメにしてみれば、結婚した数日後に未亡人ならぬ未亡神になるところだ。ひどく悲しんだであろうな。弟もまったく困ったものよ

　ところがオオナムジが鏑矢を持って捧げてきた。そこでスサノオは家の柱がたくさんある大部屋に呼び入れて、自分の頭のシラミを取れと命じた。オオナムジがスサノオの頭を見ると、そこには百足がたくさんいた。

 いやスッサーのムコイビリしつっこいな！　そんでマジ頭きったな！　ないわ〜シャンプーしろ！

 普段からこうなのか心配になるな……。さて、ヤマタノオロチの時も『巨大化したのかも』と言ったが、やはり頭にシラミの代わりにムカデが這うほど巨大な体のようだ

　そこへ、妻のスセリビメが椋の実と赤土を持ってきた。オオナムジが椋の実を噛んで、赤土を口に含んでから吐き出すと、スサノオは、
（百足を噛み殺し、吐き出して取り除くとは、案外カワイイ奴……）

と思い、寝てしまった。

- またスセちゃんに助けてもらっちゃって。でも、もう完全に絵面が『偏屈親爺を協力してどうにかする新婚夫婦』だよね。めんどくさい神さま～
- 働かずに海で泣いていたころを思えば、まだしもマシかなあ……
- でも、やっとこ雪解けだねえ。いやまーさ、ごまかしてるだけだから、スッサーの頭には相変わらずムカデ這ってんだけど……よく平気だよね～
- なぜ我の頭を見る。我はちゃんと清潔にしているぞ。さて、だが研究する者によっては、弟は三度の試練を乗り越えたオオナムジを認めており、その証拠に自分の寝る部屋に招き入れ、頭の世話をさせるというプライベートな仕事を任せた、とする説もある
- ま～確かに？　蛇だのハチ・ムカデ連合軍だの燃える原っぱだのからしたら簡単かもだけどさ。イタズラ放題なの、親になっても変わらないよね～

オオナムジは寝たスサノオの髪を家の垂木ごとに結び付け、五百人で引くような大石で戸をふさぎ、妻を背負ってスサノオの生大刀・生弓矢・天の沼琴を取って逃げた。

- そして義理のお父ちゃんが気を許した瞬間に逆襲するオオちゃんであった
- まあこれまでを思えば無理もないが。自分がやられるとは思わんのかな、弟は

色々やらかしてるね……髪を柱に結んで、戸締りして、お宝？　も持ってって

それぞれ解説すると、髪を結んだ垂木というのは、家の作りで屋根の骨組みになっている柱のことだな。そして五百人引きの石は、かつて父上が引いた千人引きの石の半分だ。まだ力は偉大な神には届いていないという意味かな。剣と弓矢に琴は、何せ弟の宝だ。それぞれ強力な力を持った道具である

ところが、逃げる時に天の沼琴が木にぶつかり、地面が揺れるほどの音がした。そのためスサノオは音に驚いて起きてしまったが、髪が結んであるため屋敷を引き倒してしまう。

えらいこっちゃ

結んだ髪で家屋倒壊とは、どれだけの勢いで飛び起きたんだ、あやつ

けれども、スサノオが垂木に結ばれている髪を解いている間に、オオナムジとスセリビメは遠くへと逃げていった。彼らをスサノオは黄泉比良坂まで追いかけていった。

あれ？　ヨモツヒラサカ？　これナギさんが黄泉の国から帰る時に来たとこだよね。根の……えーと、堅洲国って、黄泉の国のことなの？

それは意見が分かれる。しかし、以前に父上が行った黄泉国と、このたびの根の堅洲国はあまりに違う。どうやら同じ黄泉比良坂を通るが、しかし別の場所であるようだ。この辺りはオモイカネ（P.114）に詳しく説明してもらおう

スサノオは遥か遠くを眺めながら、オオナムジへと叫んだ。
「お前が持つ生大刀と生弓矢で、お前の兄弟を坂のしっぽまで追い詰めて、そして川の浅瀬まで追い払え。そしてオオクニヌシ（大国主）、またの名をウツシクニタマ（宇都志国玉）と名乗り、我が娘を正妻にして、宇迦能山のふもとに、地底深くの岩に太い柱を建てて、高天原に届くほど高い千木を上げた立派な宮殿を建てろ。こやつめ！」

宇迦能山も例によって実際にある場所だ。今でいう島根県出雲市の御崎山だな

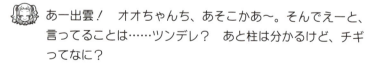
あー出雲！　オオちゃんち、あそこかあ〜。そんでえーと、言ってることは……ツンデレ？　あと柱は分かるけど、チギってなに？

ツンデレが何かは知らんが、あの弟なりの荒っぽい祝福だな。千木とは、神社の屋根の上に角のように交差してふたつ突き

出た木があるだろう。あれだ

　オオナムジ改めオオクニヌシは大刀と弓矢で八十神を追いかけて、坂のしっぽに追い詰めたり、川の浅瀬に追い払って、初めて国を作った。

スサノオの宝とお墨付きを得て、兄弟を倒したということだな

もらいもので人生、じゃないや、神生なんとかする男・オオちゃん……でもつえー。そんでヤソガミブラザーズ、いい気味〜。いひひ

　さて、ヤガミヒメは予言通りにオオクニヌシと結婚したのだが、正妻のスセリビメに遠慮し、生んだ子供を木の股に挟んで帰ってしまった。そのため、その子は木俣神という。または御井神という。

名前の通りに国、作ったんだね！　ヤガちゃんはかわいそーだけど……

縁があったのはヤガミヒメが先であるから、なんとも不憫なことだな。しかし相手はスサノオの娘。ちと血筋の格的にも厳しい

オモイカネの「黄泉比良坂がつなぐ黄泉国と根の堅州国」

　いやあ、とうとうスサノオさまも根負けしちゃいましたね。オモイカネです〜。

　さて今回の舞台となった根の堅州国（根の国）と、黄泉国。このふたつの国は、両方とも地上とは別の場所にある異世界です。そして、黄泉比良坂を通っていく場所、という共通項が存在するのです。また、若き日のスサノオさまは「母の国の根の堅州国に行きたい」と泣いておられます。母とはイザナミさまのことを指すと考えると、黄泉国＝根の堅州国と思ってしまいますよね。

　では、このふたつは同じ国を指すのか？　と言えば、これはどうやら違うようです。まず名前の他に、その様子が違います。古事記における黄泉国ではイザナミさまの住む御殿の他には風景の描写も特にないのですが、堅州国にはスサノオさまの御殿の他、大きな野原があり、蛇にハチにムカデ、そしてネズミ親子が住んでいたりして、結構豊かな自然の風景が思い浮かべられます。

　さらに、黄泉国の食物を食べると元の世界に帰れなくなるヨモツヘグイというルールですが、オオクニヌシさまは最低でも二泊三日は根の堅州国へ留まっておられます。たぶんご飯もいただいていますよねえ？　ところが、そこでお育ちになったスセリヒメさま諸共、あっさり地上へと帰れてしまいます。

　また、スサノオさまもスセリヒメさまも、黄泉国のイザナミさまのように、腐り果てた真の姿などぜんぜん見えません。やはり、黄泉国と根の堅州国は「黄泉比良坂という途中の道」を同じくする別の場所、と考えたほうが良さそうです。黄泉国は死者が行く世界で、根の堅州国はかつてのスサノオさまの言葉を考えれば「母なるパワーの集まる理想郷」のような場所とするべきかも知れません。

　他にも、根の堅州国は罪穢れの流れ集まる場所であるとされたり、琉球に伝わる理想郷「ニライカナイ」のような場所だとされたりする説があります。

大国主の恋

八千矛神の恋の歌…プレイボーイの本領発揮

　八千矛神（ヤチホコノカミ）が高志の国の沼河比売（ヌマカワヒメ）に求婚しようと来た時のこと。

だれこの神さま？　どこ行ったって？

これこれ、もう忘れたか。ヤチホコはオオクニヌシの別名だ。高志はヤマタノオロチの時にも出ただろう。今でいう北陸地方だ

はー、これもオオちゃんなの……ね……って浮気じゃねぇ！？　浮気早くね！？　オオちゃん王さまなったからってちょっと調子こいてね！？

当時の王ともなれば、複数の土地とつながりを持つため、他の土地の姫と結婚するのはそう責められるものでもない。ヤガミヒメもいただろう

えー。ヤガちゃんは前から約束してたからノーカンにしてもよくねー？

　彼はヌマカワヒメの家の前に着いて、歌を詠った。

『八千矛の　神の命は　八島国　妻まきかねて　とほとほし　高志の国に　賢し女を　有りと聞かして　麗し女を　有りと聞こしてさよばひに　あり立たし　よばひに　あり通はせ　太刀が緒も　いまだとかずて　おすひをも　いまだとかねば　をとめの　なすや板戸を　押そぶらひ　我が立たせれば　引こづらひ　我が立たせれば

115

青山に　ぬえは鳴きぬ　さのつ鳥　雉子はとよむ　にはつ鳥　かけは鳴く　うれたくも　鳴くなる鳥か　この鳥も　打ちやめこせね　いしたふや　天馳使　事の　語りごとも　こをば』

(訳：ヤチホコの神は、国中に妻を探していたが、遠く越の国に賢く、美しい女がいると聞いて、妻を求めて出かけて通い、刀も服の紐も解かずに、乙女の家の戸を押したり引いたりしているうち、夜が更けてヌエが鳴き、雉が鳴き、鶏が鳴く。うるさい鳥だ、打って黙らせろと、天の使いがこのように語り伝えます)

という内容であった。

 必死過ぎる。ていうか夜中にやって来て朝まで戸叩いてって。怖いわ！　鳥に八つ当たりするしぃ

 それほどに彼女を求める心持ちである、という歌なのだ。ここから始まる五つの歌を『神語』という。歌自体は読んでみれば、独特の調子でなかなかに趣深いものだぞ

しかしヌマカワヒメは戸を開けずに、中からふたつの歌を詠った。

『八千矛の　神の命　萎え草の　めにしあれば　我が心　浦渚の鳥ぞ　今こそは　我鳥にあらめ　後は　汝鳥にあらむを　命は　な殺せたまひそ　いしたふや　天馳使　事の　語りごとも　こをば』

(訳：ヤチホコの神よ、私はぬえ草のようにか弱い女なので、私の心は入り江にいる鳥のように揺れるものです。今はあなたのものではない鳥ですが、のちにはあなたの鳥になりますので、鳥の命は殺さないでくださいね。天の使いがこのように語り伝えます)

『青山に　日が隠らば　ぬばたまの　夜は出でなむ　朝日の　笑み

栄え来て　栲綱の白き腕　沫雪の　若やる胸を　そだたき　たたき
まながり　ま玉手　玉手さし纏き　股長に　寝は寝さむを　あやに
な恋ひきこし　八千矛の神の命　事の　語りごとも　こをば』

（訳：青山に太陽が隠れれば、黒く暗い夜になります。朝日が笑う
ようにあなたが来て、布の綱のように白い腕を、雪のように若々し
い胸を、なでて、抱き合い、美しい玉のような手を巻いて、足を伸
ばして、一緒に寝ましょうから、恋い焦がれるのを我慢してくださ
いね、ヤチホコの神よ。このように語り伝えます）

　こういう内容の歌で返したのである。

あやややや。ヌマちゃん、一緒に寝ましょって言っちゃった
よ

いきなり来られても、ことは結婚だ。準備というものがある
からな。これは仕方のないことだろう

アポなし自宅訪問はやっぱヤバいよねえ。私もやられたら引
くもん

　そうして、その日は会うことができなかったものの、翌日の夜に
二人は結婚した。

大国主の恋

スセリビメ嫉妬する…喧嘩も仲直りも歌で!

　ヤチホコの正妻であるスセリビメは他の妻に対して大変嫉妬深く、夫であるヤチホコ——つまりオオクニヌシも参ってしまい、倭の国（今の奈良県）へ行こうとして馬に乗り、あぶみへ足をかけて、このように歌った。

『ぬばたまの　黒き御衣を　まつぶさに　取り装ひ　沖つ鳥　胸見る時　はたたぎも　これは適はず　辺つ浪　背に脱き棄て　鴗鳥の　青き御衣を　まつぶさに　取り装ひ　沖つ鳥　胸見る時　はたたぎも　こも適はず　辺つ浪　背に脱き棄て　山県に　蒔きし　あたたでつき　染め材が汁に　染め衣を　まつぶさに　取り装ひ　沖つ鳥　胸見る時　はたたぎも　此し宜し　いとこやの　妹の命　群鳥の　我が群れ往なば　引け鳥の　我が引け往なば　泣かじとは　汝は言ふとも　山処の　一本薄　項傾し　汝が泣かさまく　朝雨の　霧に立たむぞ　若草の　妻の命　事の　語りごとも　こをば』

（訳：夜のような、黒の衣を、しっかり着こなして、海鳥がするように胸を見たり、羽繕いのように確かめたりすれば、これは良くない。後ろの海辺に捨て、カワセミのような、青の衣を、しっかり着こなして、海鳥がするように胸を見たり、羽繕いのように確かめたりすれば、これも良くない。後ろの海辺にぽいと捨て、山に蒔いた藍染めの汁で染めた衣を、しっかりと着こなして、海鳥がするように胸を見たり、羽繕いのように確かめたりすれば、これはとても良い。愛しい我が女よ、私がお供の者たちと群れ鳥のように、引いていく鳥のように行けば、今は泣かないとお前は言うけれど、山のススキのようにうなだれて、お前は泣くだろう。朝の雨霧に濡れる若草のように、な。妻よ。このように語り伝える）

- スセちゃんに嫉妬されたのは分かるんだけど、なんでさっきから急に歌い出したのオオちゃんたちは。バンドでも組むの？

- 組まん。様々な伝承が取り入れられているのが古事記の特徴だ。ここは言ってみれば、歌舞伎や能のような手法で伝えられていた物語だったのかも知れんな

- カブキとかよく分かんないけど、あれか、劇の途中で歌いだすっていうとミュージカルみたいなもん？

- ああ、それが近いかな。さて、ここはちとオオクニヌシの鼻持ちならぬ感じが出ているやりとりだな。要は妻の嫉妬から来る夫婦喧嘩のあとでオオクニヌシが出ていく時『意地を張ってるが、本当に私が行ってしまうと泣くだろ？』と挑発したわけだ

- ほほう。なるほどなるほど、いけすかね〜。スセちゃんの反撃は？

　スセリビメは大きな盃を持って、オオクニヌシへ寄り添って立ち、こう歌った。

『八千矛の　神の命や　吾が大国主　汝こそは　男に坐せば　打ち廻る　島の崎崎　掻き廻る　磯の崎落ちず　若草の　妻持たせらめ　吾はもよ　女にしあれば　汝を除て　男は無し　汝を除て　夫は無し　綾垣の　ふはやが下に　苧衾　柔やが下に　栲衾　さやぐが下に　沫雪の　栲綱の白き腕　そだたき　たたきまながり　真玉手玉手さし纏き　股長に　寝をし寝せ　豊御酒　奉らせ』

（訳：ヤチホコの神、私のオオクニヌシよ。貴方は男ですから、島

の先々に、回る磯の港にももらさず、若草のような妻がいるでしょう。私は女ですから、貴方の他に男も夫もございません。綾の帳（とばり）がゆれる下で、苧（からむし）の夜具の肌触りの下で、楮（こうぞ）の夜具のささやぐ下で、私の雪のような胸を、布の綱のような腕を、なでて、抱き合い、美しい手を巻いて、足を伸ばして、ずっと寝ましょう。お酒も召し上がれ〉

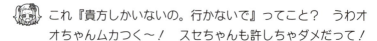
これ『貴方しかいないの。行かないで』ってこと？　うわオオちゃんムカつく〜！　スセちゃんも許しちゃダメだって！

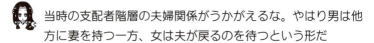
当時の支配者階層の夫婦関係がうかがえるな。やはり男は他方に妻を持つ一方、女は夫が戻るのを待つという形だ

浮気してこれなんだから、フコーへーだよね〜

　これに、盃を交わして愛を誓い、首を抱き合って、二人は仲直りして今に至るまで出雲にいる。これを神語り（かむがたり）という。

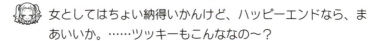
女としてはちょい納得いかんけど、ハッピーエンドなら、まあいいか。……ツッキーもこんななの〜？

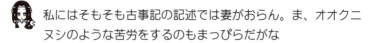
私にはそもそも古事記の記述では妻がおらん。ま、オオクニヌシのような苦労をするのもまっぴらだがな

えっ、そーなんだ。イケメンなのに。いっしょに合コンいく？

余計な世話だ、まったく。この先はしばしオオクニヌシの系譜が続く。これはオモイカネにまとめさせよう（次ページ）。このあとに出てくる神がいくらかいる。ちゃんと見ておけよ

オモイカネの「オオクニヌシの系譜」

　オオクニヌシ（大国主）さま、恋多き神ですねえ……。などと思ってしまうオモイカネです。さて、ここではそんな彼の子孫たちのお名前が記されています。

　スサノオさまからオオクニヌシさまの系譜までをまとめて十七世の神と呼びますが、親子関係にある神々がたくさん出てきますので、やはり巻末（P.225）をご覧ください。
系譜としてはトリナルミさまというお子さまの血統が続いていきます。お嫁さんの紹介に親の神さまの名前が出てくる辺り、色んなところの有力な神さまの娘さんをお嫁さんにし続けたと考えられるでしょう。数が多いので、名前の由来や意味が分かっていない神さまも大勢いらっしゃいます。

　とはいえ、古事記においてはこのあと出番があるのはトリナルミさまの系譜ではなく、タキリビメさまとの子供であるアヂスキタカヒコネさまとシタテルヒメさまの兄妹神、そしてコトシロヌシさまのほうですね。

　あと、覚えていらっしゃいますか？　タキリビメさまはスサノオさまとアマテラスさまのウケイ（誓約）によって生まれた神さまの一柱ですよ。スセリビメさまとは姉妹にあたるのですが、嫉妬のほうは大丈夫だったのでしょうか……？

葦原中国

国作り…オオクニヌシ、スクナヒコナと会う

オオクニヌシが出雲の御大御崎(みほのみさき)にいる時、

 みほのみさき？　これもしかして、美保関のこと？

 おお、分かったか。その通り。これは今でいう美保関だ。今はこの辺り（松江市のすみっこ）も美保関町という区分に入るのだったか？

 うわあ、超地元きた。千三百年前からそのまんま地名が残ってるんだもんな〜

見ると、波間から芋で出来た船に乗り、蛾の皮の服を着てやって来る神がいた。

 乗ってるもんとファッションの素材が挑戦的すぎない？

 この素材を見ても分かるように、とても小さな神ということだな。鳥の皮という説もあるが

しかし、彼に名前を聞いても答えず、オオクニヌシが従えている他の神に聞いても知らないと言う。しかし多迩具久（タニグク）が答えて言った。
「これは久延毘古（クエビコ）なら必ず知っていることでしょう」

 おっ急に新キャラ。タニグクさんってどんな神さまなの？

タニグクとは谷でグウと鳴く……要はヒキガエルだな。ヒキガエルはこの時代、地の果てを行き来する……つまりどこにでもいる者として、様々なことを知っている神とされていたのだ

　そういうことなのでクエビコを呼んで聞いてみると、
「この神はカミムスビさまの子、少名毘古那神（スクナヒコナノカミ）です」
と答えた。ということで今度はカミムスビに申し上げて聞くと、
「これは本当に我が子ですね。子供の中で、私の指の間からこぼれた子ですよ。これお前、アシハラシコオと兄弟になって、その国を作って固めなさい」
と答えて言った。

 あっカミムーだ！　ひっさしぶり〜

 前に我が弟が言ったように、アシハラシコオはオオクニヌシのことだ。彼を生き返らせたり、子供を手助けにしたり、カミムスビさまは何かとオオクニヌシを助ける。今回のこともそうだな。オオクニヌシは高天原からの援助を多く受けていると言っていいだろう

 しっかしスッくん、指からこぼれるってほんと小さいのね。あと親に言われるまで名前も言わないって、何しに来たの……

　というわけで、オオナムジとスクナヒコナの二柱は互いに並んで国を作り固めた。そののち、スクナヒコナは常世の国というところに渡った。

スッくんどっか行っちゃったの？　飽き性だったのかな……

それは分からんが。他の書物には、オオクニヌシとスクナヒコナが仲良く遊んだりする話が載っていたりするな。なかなかに和気あいあいとやっていたようだ。常世の国とは、根の堅洲国と同じように、地上ではない別の世界のことだ

　ところで、スクナヒコナの名前を言い当てたクエビコは、今は山の曾富騰という。この神は歩けないがこの世のことを何でも知っている。

ソホドとは、この辺りでも少なくなってきたが案山子のことだ

は？　カカシ？　あれも元は神さまなの？

田畑は国中どこにでもある。案山子は動けないが、これもどこにでもある。そういうわけで、クエビコは天下のことを何でも知っている神なのだ

ヒキガエルとカカシが両方神さまで、しかも頭いい系……ぬぬぬ、あんなのが……

葦原中国

国作り続行…新たなる協力者も海から来る

　オオクニヌシはスクナヒコナがどっか行ったので、この先を心配して言った。
「私一人でどうやって良い国を作ればいいんだ。私はどんな神と協力して、良い国を作ればいいんだ」

 た、他力本願……！　オオちゃん、強くなったと思ったのにこの辺変わんないなあ

 オオクニヌシは徹底してそういう神として描かれている。他者の力を使い、それらをまとめて大きな仕事をする神だ。一見情けないが、王としては必要なものだからな

　この時、海を光り輝かせながら来る神があった。その神は、
「私をよくお祭りするならば、私は君と一緒に国作りするよ。もしできないなら、国は成り立たないだろう」
と脅迫じみたことを言った。これに対し、オオクニヌシは、
「じゃあどういう風にお祭りするのがいいんだい？」
と聞くと、海から来た神は、
「倭の東にある、青々とした山の上に祭ってくれ」
と答えた。この神は御諸山の上にいる神である。

 ヤマトは先ほども出たな。同じ場所で現在の奈良県だ。御諸山は今の名前は三輪山という。そこの神だな。この神の名前は大物主神とされている

ははあ。そのオオモノさんが仕事の売り込みに来たわけね。大物な神さま……ウケる

ところが、別の書物では、この神はオオクニヌシと同一の神と見られている。彼の別側面というか、別人格というか、そういう存在だ

えっ……寂しさの余り分裂しちゃったってこと？　自分とお話してトモダチ……オオクニちゃんって……

こらっ、そういう言い方をするんじゃない。人間側の事情を考えるならば、オオクニヌシもまた、我が弟スサノオと同じように多数の神の伝承がひとつにまとめられて神話とされた存在なのかも知れんな。……さて、古事記は次の項からまたしても系譜が始まる

うえ、また名前たくさん出んの。ニガテなんだよな〜あれ〜

であろうな。例によってオモイカネに任せる（次ページ）。ここでは、スサノオの子であるオオトシの系譜が唐突に描かれる。目を通しておくようにな

なんでこの神さまだけケーフがあんの？

それは無論、重要な神だからだ。何せ現代も、この神の祭りは各地で行われている。というか、この町でもやっておるだろ正月に。汝も童のころ、参加しておったぞ

そんなんあった……？　あ！　もしかしてトンドさん！？あれこの神さま！？

それだ。正月の飾り物を集めてやぐらを作り、燃やして一年の幸福を祈るだろう。そもそも正月飾りはこの神を迎えるためのものだ

わしとわしの子孫を
祭れば、収穫はもう
バッチリじゃぞ

オオトシ
（トンドさん）

 へえ〜、あのお祭りがねえ。……ところでさ。このケーフ見てたらま〜たオオゲツちゃんいるじゃん！？　え、オオゲツちゃんスッサーに殺されちゃったのに、スッサーの……ええと、孫？　のお嫁さんになってんの！？

 お、よく見つけたな。前と同様、スサノオが殺めたオオゲツヒメと同一神かは分からん。そうなのかも知れんし、名前が同じで似た性質を持つ別の女神なのかも知れん

 ちゃんとその辺書いといてよ〜。設定てきとうじゃない？　まぁ漢字は一文字だけ違うけどさ

オモイカネの「大年神の子孫」

　早めの再登場、オモイカネです〜。

　今度はスサノオさまのお子さまであるオオトシさまの系譜ですね。今回も数が多い！　ので、詳細な神さまのリストは巻末（P.226）をご覧ください。

　古事記の流れとは一見関係無いようなところで突然系譜が出てきますが、これはこの神さまが多数のお子さまを持っていることからも分かるように、かなり重要な神さまであったということでしょう。そもそも穀物の神さまです。田んぼや畑から食べ物がとれないと皆さんお腹が減ってしまいますからね。この神さまのご利益があるかどうかは、まさに死活問題です。ご子孫の担当する事柄も、屋敷のこと、山のこと、稲のことと生活に密着する神々がずらり、です。

　ツクヨミさまが言っていたように、この神さまは今も篤く信仰され、各地でお祭りされる神さまです。トンド焼きとも呼ばれる行事の起源は諸説あるようで、研究をあれこれ調べだすととんでもないことになります。そのため、詳しくはここでは触れません。

　ともあれ今も信仰されている神さまなのは間違いありません。庶民密着型の神さまですね。なお、妹のウカノミタマさまですが、こちらも穀物の神、そして全国各地でお稲荷さまと呼ばれる有名なあの神さまなのです。

　余談になりますが、紬紀ちゃんが言ったように、オオゲツヒメさま、ここにも登場です。死んでたんじゃなかったんですかあの方……。これは名前が同じ別の神さま説もありますが、食物の起源を担当する神さまだけあって、オオトシさまと結びつけられたのかも知れませんね。

葦原中国

高天原と葦原中国…アマテラスの国譲り要請

　高天原ではアマテラスが、
「地上である豊葦原の千秋の長五百秋の水穂国は、私の子のマサカツアカツカチハヤヒアメノオシホミミ（正勝吾勝々速日天之忍穂耳）が支配する国です」
と言い出し、そのアメノオシホミミを天から降ろした。

 国作りが終わり、久しぶりの高天原だ。懐かしい名前がいくつも出てくるぞ

 いやそれよか、急に何言いだすのアマテラ姉ちゃんは。いちいち長い！

 豊葦原の〜という言葉は、葦原中国、つまり地上の日本を美しく褒めて言い表したものだ。国作りが上手くいったのだな。そして、続くアメノオシホミミは、かつて我が姉上アマテラスと弟スサノオが、誓約勝負をした際に生まれた神だ。覚えていないか

 あーいたいた！　あのスッゲ長い名前の神さま！　ここにつながってくんだね

　だがアメノオシホミミは天の浮橋に立って地上を見て、
「地上はすごく騒がしいなあ」
と高天原に上がり帰ってきて、アマテラスに降りられない事情を説明した。なのでタカミムスビとアマテラスは、天の安河の川原に八百万の神を集めて、オモイカネに考えさせつつ言った。

あ、タカミーとオモカネさんだ！　なんかタカミー、アマテラ姉ちゃんと一緒に作戦立ててるけど全然引退してなくね？

うむ。タカミムスビさまはこの場面で中心的な存在として登場する。いわば、リーダーである姉上の相談役といったところかな

「この葦原中国は私の子の支配する国だと言いました。しかしこの国には激しく荒れた神々がたくさんいるようです。どの神を送って、我々に従うと約束させましょうか？」
　これに、オモイカネと八百万の神々は会議した結果、
「アメノホヒを行かせましょう」
と言った。そうして遣わされたアメノホヒだが、彼はオオクニヌシに媚びて従ってしまい、三年も何の報告もよこさず、帰ってこなかった。

アマテラお姉ちゃん突然だなあ。国が出来たら横取りってズルいじゃんねえ

そういう意見もあろうな。だが思い出してみよ。高天原も、オオクニヌシを生き返らせたり、スクナヒコナを派遣したり、何度も国作りを助けている。それもあって、高天原側は自分たちが『行わせた』成果だと思っているのだろう

な〜んか上から目線〜。納得いかな〜い。でもホヒさんって神さま、失敗しちゃったね。提案したオモカネさんには悪いけどいい気味〜

葦原中国

地上平定失敗…第二の使者、アメワカヒコ

　この事態にタカミムスビとアマテラスはもう一度神々に聞いた。
「葦原中国へと送ったアメノホヒは長いこと報告もせず帰ってこない。次はどの神を送るのが良いでしょう？」
　これに答えて、オモイカネは、
「天津国玉神の子の天若日子（アメワカヒコ）を送るのがいいでしょう」
と言った。こういうわけで、今度は天の麻迦古弓と天の波々矢をアメワカヒコへ授けて、地上に送った。

おっ、第二の刺客。なんか名前付きの弓と矢が出てきた

刺客と言うのもな……一応アメノホヒは説得してこい、と言われて向かったのだよ

俺は愛に生きる！ついでに国ももらっちゃうぜ！

アメワカヒコ
（アメワカくん）

んじゃ、こんどのアメワカ君が弓矢持ってるのは？

天と付いているように、天津神の祝福と力を与えた武器を持たせていわゆる権威付けをしたということだ。もちろん、もしもの時は悪神を射ることも命じられていただろう

エラいヒト……じゃないか、神さまだぞ！　ってことね

だが、アメワカヒコは葦原中国に降りた途端に、オオクニヌシの娘のシタテルヒメ（下照比売）を妻として、かつこの国を自分のものにしようとして、八年間も報告せず、戻ってこなかった。

- また裏切っちゃったよ！　アマテラお姉ちゃん人望……じゃないか神望なくない？

- んん……ち、地上がそれだけ良い国になっていたということかな……そしてオオクニヌシもまた、力だけではなく企み事も上手いという……

- おや、もごもごしてどったの？　ツッキー

- 汝なあ、軽口を言うにしても我の立場も考えるがいい

- でも、敵のとこの娘さんと結婚なんて、アメワカ君はなかなかのラブロマンスだねえ

- なかなかいいところに気が付いたな。汝の言う通り、アメワカヒコはこののちの展開も手伝って、恋に生きた神として人気になったのか、平安時代の物語などに名前が出てくる

- 仕事より恋！　っていうの、みんな好きだかんね～

葦原中国

アメワカヒコの失敗…そそのかされて大惨事

　こうなってしまい、アマテラスとタカミムスビはまたも神々へと聞いた。
「アメワカヒコも長いこと帰ってこない。また誰か神を使わして、アメワカヒコが長く地上にいる理由を聞いてこさせよ」
こうして、神々とオモイカネは、
「鳴女（ナキメ）という名前の雉を向かわせましょう」
と二柱へ答えた。

 神さまが連敗しちゃったから、今度は鳥を行かせるのね。キジ、たまにこの辺歩いてるよね〜

 田舎だからなあ、ここ……。ところで、これまでの二回は、送る者を決める時の相談でオモイカネが主になっていた。だが、ここでは『神々とオモイカネ』と言うように神々が先に来ている。少し発言力が落ちてしまったのかも知れんな

 オモカネさんオススメの神さま、二回続けて失敗しちゃったもんねえ。ちょっとカワイソーかも

　神々はナキメに、
「アメワカヒコに『お前を葦原中国に送ったのは、その国の荒れた神々を説得して従わせるためだ。なのになぜ、八年も報告ひとつせず帰ってこないの？』と聞け」
と言い聞かせた。ナキメは天より下って、地上のアメワカヒコ家の門にある大きな桂の木に止まって、神々の言葉をそのまま言って、聞いた。しかしそこで天佐具売（アメノサグメ）という女神が、こ

の鳥の言葉を聞いた。そしてアメワカヒコに、
「この鳥、酷く鳴き声が悪いわ。射殺すべきです」
と言って勧めたため、アメワカヒコは天の神々から授かった天の波士弓と天の加久矢を使い、この雉を射殺してしまった。

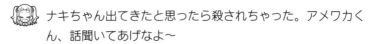
ナキちゃん出てきたと思ったら殺されちゃった。アメワカくん、話聞いてあげなよ〜

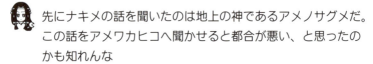
先にナキメの話を聞いたのは地上の神であるアメノサグメだ。この話をアメワカヒコへ聞かせると都合が悪い、と思ったのかも知れんな

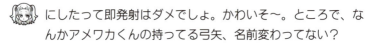
にしたって即発射はダメでしょ。かわいそ〜。ところで、なんかアメワカくんの持ってる弓矢、名前変わってない？

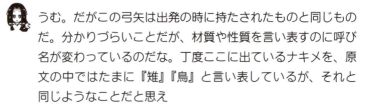
うむ。だがこの弓矢は出発の時に持たされたものと同じものだ。分かりづらいことだが、材質や性質を言い表すのに呼び名が変わっているのだな。丁度ここに出ているナキメを、原文の中ではたまに『雉』『鳥』と言い表しているが、それと同じようなことだと思え

葦原中国

還し矢と雉の濡れ衣…続く悲劇。交渉決裂?

　雉の胸を貫いた矢は、天へと射ち上がって、高天原にある天の安河の川原にいるアマテラスと高木神（タカギノカミ）のところまで飛んだ。このタカギは、タカミムスビの別名である。

 すっげー飛んだ!　さすが神さまの弓矢

 これが姉上たちに当たっていた時のことを思うと、少し冷や冷やするな。どんな報復がされていたことか

 ところでさ、タカミー、なんで急に名前変えたの?

 理由はよく分かっておらん。書いておらんしな。とはいえ、オオクニヌシしかり、神が複数の名前を持つのはそう珍しいことではない

　タカギが矢を取ってみると、矢の羽のところに血が付いていた。これにタカギは
「この矢はアメワカヒコに授けた矢じゃないか」
と言い、神々に見せながらこう言った。
「もしアメワカヒコが命令に逆らってはおらず、悪い神を撃った矢がここに来たなら、アメワカヒコに当たらないように。だがもし悪い心で逆らうつもりであったなら、この矢で死ね」
と、その矢を取って、矢が通ってきた穴から突き返した。そして矢は朝寝ていたアメワカヒコの胸に当たり、彼は死んだ。これが「還し矢」の元である。また、雉は帰ってこなかった。「雉のひた使い」と言われるようになったのはこれが元である。

わー、こんどはアメワカくん死んじゃった！　急に血生臭くなってきたよ～！？

つまりは今や、高天原と葦原中国（あしはらのなかつくに）は交渉が失敗に終わり、紛争が始まってしまったわけだからな。死者は出るとも

ひええ。最後にぽんっと説明されているけど、この還し矢と雉のなんちゃらってなんなの？

当時の呪術とことわざだ。悪意は自分に返ってくる……還し矢と同じような話は、他の土地の神話にもある。キジのひた使いのほうは、行ったきり帰ってこない使者を表すことわざだな。最近はあまり使わんのか？

私は初めて聞いたかな～。友だちにきーてみよっかな

加えて言うと、ここで分かるのは、高天原からは直接には、地上の様子はあまり見えていないということだな。天の神々は高天原と地上の間にある天の浮橋に立って地上を確認する様子が何度も出ている

あ～、それじゃ、ナキちゃんって仕事に行って殺されちゃったのに『あいつ行ったっきり帰ってこねえわ。使えねーからことわざにしてやれ』ってされちゃったワケ？　超カワイソーじゃん！？

葦原中国

神の葬式…鳥さん大活躍の葬式と弔問客

　アメワカヒコが死に、妻のシタテルヒメの泣き声が風に響いて天まで届いたので、アメワカヒコの父アマツクニタマと、アメワカヒコの妻と子がそれを聞き、天より降りて泣いて悲しんだ。

- 高天原と葦原中国（あしはらのなかつくに）、今けっこー気まずい関係だと思うんだけど、いいの？
- ここでは割と問題なかったようだ。肉親の葬式なら仕方ないと思われたのかも知れん
- てかアメワカくん高天原にも奥さんと子供いんじゃん！　単身赴任をいーことに浮気してんじゃん！！
- 今風の言い方だとそうなるかー……

　その場で死体を安置する喪屋（もや）を作り、葬式のための役割を、雁（かり）がきさり持という食べ物を運ぶ係、鷺（さぎ）を掃除係、カワセミが料理係、雀（すずめ）が臼（うす）で米をつく係・雉（きじ）を泣く係と決めて八日八晩の間歌い踊り、儀式を行った。

- ありゃ、急に鳥さんたちが働き始めたよ……ナニコレ
- 世界の様々な場所で、鳥は霊魂を運ぶものという考えがある。その影響が当時あったのかも知れん。ここでは当時の貴人の葬式の様子を知ることができる
- キジさんがやってる泣く係って……なにこれ

割と近代まで記録があるのだがな。泣き女といって、葬式において哀しみの表現のため、泣く役割の女性のことだ。同じものは世界各地にある

　この時、阿遅志貴高日子根神（アヂシキタカヒコネノカミ）がやって来て、喪中のアメワカヒコをとむらった。この時、天から降りてきたアメワカヒコの父や妻、子供が泣いて、
「我が子は死んでいなかったぞ！」
「私の夫は死んでなかったわ！」
と言って、アヂスキタカヒコネの手足にすがりついて泣き悲しんだ。この人（神）違いの理由は、この二柱の顔かたちがとても似ていたために、間違えたのだった。

そっくりさんってこと？　でもこのタカヒコくん、カタカナってことは前に出たひと、じゃない神さま？

うむ。オオクニヌシの系譜のところだな。アヂスキタカヒコネはオオクニヌシとタキリビメの子で、シタテルヒメはその妹だ

えっ！　じゃあさじゃあさ、シタテルちゃんはお兄ちゃんとそっくりな相手と結婚したわけ！？　かなり重症のブラコンだあ。……てかここ、アメワカくんのお父さんと地元の奥さんと子供と、出張先の奥さんと、そのお兄さん来てるワケ？　やっぱ〜

葦原中国

葬式大混乱…死人と間違えられて大いに怒る

　アヂスキタカヒコネはこれに大層怒って言った。
「俺は親友のために葬式に来たのに、なぜ汚れた死者と間違えられにゃならんのだ！」

　ちょ、タカヒコくんキレすぎでしょ！　そんでさ、親友のお葬式に来たって自分で言ってんのに、その友だちを『汚らわしい死者』扱いするってのも無くない？　意味わかんないんだけど

　当時は、それだけ死というものが恐れ嫌われ、避けられていたということだ。死んだのが親友だとしても、死人と間違えるのは失礼なことだったのだ

　はー……昔の人ってソレはソレ！　コレはコレ！　って感じだよね〜

　怒り狂ったアヂスキタカヒコネは、腰の十拳の剣を抜いて、喪屋を斬り倒し、なんとその建物を蹴って、美濃国（今の岐阜県）まで飛ばした。現地の喪山はこれのことをいう。彼の持つ剣の名前は、大量、または神度の剣という。

　スケールでっか！　建物蹴っ飛ばすとか神さまやっぱパないわぁ

　この場面がだいたい出雲辺りのはずであるから、汝たちの尺度で言えば、およそ五百キロほど飛ばしたことになる

139

マジヤバじゃん。怒らせちゃダメな神さまだねタカヒコくんは

　怒ったアヂスキタカヒコネが飛び去った時、彼の妹のタカヒメ（高比売）が兄の名前をはっきり示そうとして歌を歌った。

 しかも飛んで帰ってった。もうほとんどドラゴ〇ボールじゃん？　で、突然出てきた妹のタカヒーはなんで歌なんて歌ったの？

 このタカヒメはシタテルヒメの別名だ。なぜ急にこちらの名前になったのかは、はっきりしない。歌はアヂスキタカヒコネが名乗りもせず帰ってしまったため、その名をはっきりさせておこうということだな。このままでは死者と間違われた神というだけだ

 キレて帰っちゃったおにーちゃんのフォローってことね。けなげだねえ

『天なるや　弟棚機の　項がせる　玉の御統　御統に　穴玉はや　み谷　ふた渡らす　阿治志貴　高日子根の　神そ』

（訳：天にいる若い機織り女が掛けている玉飾りのように、谷をふたつまたいで渡るほどの輝きのアヂスキタカヒコネの神です）

　この歌は夷振という名前である。

葦原中国

再び高天原…とうとう本格的侵攻！　軍神登場

　地上の騒動はさておき、アマテラスはまた聞いた。
「次はどの神を使いに出せば良いかしら？」

 あ、アマテラ姉ちゃん、懲りねえ〜……

 ああいう騒動はあったが、当然ながら高天原が諦めるわけはない。姉上からすれば、息子が治めるはずの国だからな。二度の失敗でいよいよ天津神側も本気になってくる

　そしてオモイカネと神々は答えた。
「天の安河の川上の天の岩屋にいる、イツノオハバリ（伊都之尾羽張）という名の神、彼を使わすべきでしょう。もしこの神以外なら、この神の子のタケミカヅチ（建御雷）を使わすのが良いでしょう。ただ天尾羽張神は、天の安河の水を逆さまに流してせき止めて、道をふさいでいるので、普通の神では行って会うことはできません。天迦久神という矢のように飛んでいける神に行かせて聞きましょう」

 ……あれ、ここの神さまとか場所とか、なんか見覚えあるね？

 うむ。まずこのイツノオハバリとタケミカヅチは、カグツチの話に出た神だ

 あー思い出した！　ナギパパの世界初DV事件！　カグっち殺しちゃったやつ！

 その覚え方どうにかならんか……。父上がその時使った剣が

イツノオハバリで、その剣から垂れた血から生まれたのがタケミカヅチだ。こういう次第で、親子なのだな

剣がいつの間にか神さまになってるけど……まあ、慣れたわ。途中でアメノオハバリさんってのが出るのはなーに？　名前似てるから親戚？

いや。これは同じ神だ。父上に握られていた最初の登場の時も、名前はアメノオハバリだったぞ。いきなり出てくるから混乱するのも無理からぬことではあるが

そーゆーの多いよコジキ！　やっちゃんもちゃんと考えてくんないとさー。んで、天の岩屋って、アマテラ姉ちゃんが隠れたあれのこと？

おそらくはそうだろう。いつの間にかアメノオハバリが住処にしてしまったのかな

　アメノカクがやって来て、アメノオハバリに仕事をするか聞くと、
「これは光栄です。従いましょう。ですが、この仕事には我が息子のタケミカヅチを使わせるべきです」
とアメノオハバリは答えて息子を差し出した。こうしてアメノトリフネ（天鳥船）を副官にして、タケミカヅチは一緒に地上へ降りた。

お？　フネ？　急に出てきたけど何この神さま。カタカナだから前に出てた？

オモイカネが語っておる。アメノトリフネもまた父上と母上の神生みで生まれた神だぞ。その名の通り船の神だ。つまりはタケミカヅチを乗せていったのだな

そんな空飛ぶ便利な神さまいんの？　最初から使えばいいのに

葦原中国

コトシロヌシの服従…凄い体勢に思わず降伏

　タケミカヅチとアメノトリフネの二神は伊耶佐の小浜に降りた。タケミカヅチは十拳の剣を抜き、波に剣を逆さまに突き刺し、その剣の刃先にあぐらをかいて座りオオクニヌシへ言った。
「私はアマテラスさま、タカギさまの命令をもって質問をするために来た。アマテラスさまは『お前が今支配している葦原中国は、本来我が子が治める国である』とおっしゃった。これで、お前の意思はどうだ」

 いなさの浜って知ってるー。出雲の大社町の近くだよね

 そうだ。オオクニヌシの本拠地だな。親玉のところへ直接乗り込み即座に問いを仕掛ける辺り、タケミカヅチの即断即決ぶりがうかがえる

 そのタケミーだけどさ、すごい無理ある座り方してる……おしり大丈夫なの

 こういう普通はできない姿勢を取って、威圧しておるのだろう。ただものではないぞ、と

いやいや、争いごとはねえ、私専門じゃないからね……穏便に穏便に

コトシロヌシ
（コトさん）

これに、オオクニヌシは答えて、
「私めには答えられないことです、我が子のコトシロヌシ（事代主）が答えるでしょう。しかし鳥狩りと魚の漁に美保の岬に行き、まだ帰らないのです」

 おお、また美保関だ〜。ほんとスッサーが降りてきた辺りから、地元感すごいわ。にしても、オオちゃんえらく弱腰だね。自分の子供に丸投げしちゃった

 高天原の本気ぶりを感じたのかもな。それとも、前の二柱のように、交渉で乗り切ろうとしたか。そういった役割を任せられていたのがコトシロヌシであるということなのかも知れん

　そういったわけでアメノトリフネを美保関へ行かせて、コトシロヌシを呼んできて質問すれば、彼は父のオオクニヌシに向かって言った。
「畏れ多いことです。この国はアマテラスさまの子に献上しましょう」
　そしてたちまち、乗っていた船を踏んで傾けてひっくり返し、天の逆手という拍手をして船を青い柴の垣へと変えて、その下に隠れてしまった。

 コトシロくん降参はえー！　でも、いくら葉っぱにしてみたって、船逆さまにして隠れたら溺れちゃうと思うんだけど

 この一連の行動は引退の表現だ。天の逆手というのは、引退の場を作る呪術のようなものだな。この場面は今も、祭りとして行われているのではなかったか

 あー、名前は知ってる〜。モロタブネと、アオフシガキだっけ？　はーそーかー、あれもコジキから来てんだ

葦原中国

建御名方神との戦い…天津神VS国津神！

　タケミカヅチはこうなって、オオクニヌシへと再び聞いた。
「お前の子のコトシロヌシはこう言ったぞ。他に意見のある子はいるのか？」
オオクニヌシは答えて、
「もう一柱の我が子、建御名方神がいます。この者を除けば他にはいませんな」
　そう話しているうちに、当のタケミナカタが千人で引くような大石を指先で持ち上げながら来て、こう言った。
「誰だ、俺の国にやって来てこそこそ話す奴は。それならば力比べで決めようではないか。まずは俺がお前の手を掴むぞ」

 おお、新キャラだ！　こっちは強気だね

 地上の神、国津神の武力代表ともいえるタケミナカタだ。母親は神語で登場したヌマカワヒメ（沼河比売）と言われている。千引の石を軽々と持つ辺り、最上級の力があるようだ

 えーと、それってナギパパが奥さんから逃げる時に引っ張ったりしたやつ？

 うむ、それよ。力強さを表すためによく出る表現だ

ぽっと出の奴等に俺らの国をやれるかってんだ！　なめんなよ！

タケミナカタ
（タケミー）

　そしてタケミカヅチの手を取

145

った途端、彼の手は氷に変化し、また剣に変化した。タケミナカタはこれを恐れて身を引いた。今度は反対に、タケミカヅチがタケミナカタの手を取ってみれば、若草を取るかのように握り潰して投げ飛ばしたため、タケミナカタは逃げ出した。

 タケミー……ってこれじゃどっちもか。タケミカくんつっよ。しゅんころじゃん

 殺してはおらんが、圧勝だな。タケミナカタも、先ほど言ったように強いのだが。力に加えて呪術も扱うタケミカヅチがさらに上手ということだな

 手が氷とかカタナなったりしてるもんね。あれズルいよね〜、つかめないじゃん

　タケミカヅチは逃げたタケミナカタを追って、信濃の諏訪の海まで攻め込み追い詰め、いよいよ殺そうとした時、タケミナカタは、「参りました！　俺を殺さないでくれ。俺はこの場所から他には行かないし、もう父の命令には逆らわないし、コトシロヌシの言うことにも逆らわない。この地上、葦原中国はアマテラスさまの命令通り、お子さまに献上するから」
と言い、降参した。

 信濃の諏訪の海とは、今でいう長野県の諏訪湖だな。この物語の通り、タケミナカタを祭る諏訪大社がある

 長野！？　タケミナくんめっちゃ遠くまで逃げてから命乞いしてる！

 出雲から諏訪湖だと、おおよそ直線で……汝たちの使う単位だと五百キロといったところか

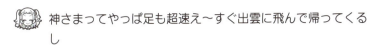神さまってやっぱ足も超速え〜すぐ出雲に飛んで帰ってくるし

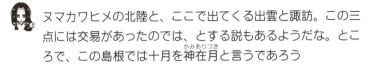ヌマカワヒメの北陸と、ここで出てくる出雲と諏訪。この三点には交易があったのでは、とする説もあるようだな。ところで、この島根では十月を神在月(かみありづき)と言うであろう

あっ、うんうん。それは知ってる〜。他はカンナ月っていうんだよね？ 理由知らないけど

知らんのか……。毎年十月には、出雲大社に全国の神が集まる。そのために島根以外は神が留守になる。なので、神無月(かんなづき)と言うのだ

ほうほう。で、このパートとなんか関係あんの？

このタケミナカタ、先ほど『この場所から他には行かない』と約束したために行かないという話、それと一度行ったはよいが竜の姿で行ったものだから、大きすぎて邪魔で来なくていいと言われた話と、諸説あるが、つまるところ彼だけは出雲に行かないのだな

うへ、年一の旅行もできないのね。かわいそ……

葦原中国

オオクニヌシの服従…国譲りの条件は大豪邸

　タケミカヅチはまた出雲へと帰ってきて、オオクニヌシへ聞いた。
「お前の子供たち、コトシロヌシとタケミナカタの二柱は、アマテラスさまのお子さまの命令に逆らわないと言った。さてお前の意思はどうだ」

 あれ？　オオちゃん参ったしたんじゃなかった？

 オオクニヌシは『息子に聞いてみろ』と言ったのだ。未だに自分の意思は表明していない。この辺り、息子たちが何とかすればそれでよし、と思っていたのかも知れん

 ほうほう。そうだとしたら、なかなかオオちゃんもあくどくなったねえ

　オオクニヌシはそれに答えて、こう言った。
「私めの子供、二柱の神の言う通りに、私めも従いましょう。この葦原中国は命令の通りにすべて差し上げましょう。ただ、私めの住居は、アマテラスさまのお子さまが、天の神の地位を引き継いでお住まいになる神殿と同じように、地底深くの岩に太い柱を建てて、高天原に届くほど高く千木を上げた立派な宮殿を作っていただければ、私めは道をたくさん曲がった先の場所に隠れて住みましょう。私めの百八十柱の子らは、コトシロヌシが先頭になって天の神にお仕えすれば、逆らう者はおりません」

 とうとうオオちゃんも参ったしちゃった。でも結構強気なこと言ってる？

支配者と同じくらいの神殿を作ってくれ、ということだな。元支配者への気遣いを求めると言ったところか。これは出雲大社のことと言われている

 そーなの！？　ウチお正月に行くよ毎年！　そーかー……オオちゃんのおうちだったのねー……そういや何か鳥居くぐった道の横におっさんが座ってる像があったわ

 おっさんって、汝なあ

　こうして、オオクニヌシは出雲の多芸志の小浜に、天の御舎という高天原の神をもてなすための場所を造り、水戸の神の孫の櫛八玉神（クシヤタマノカミ）を料理人とした。

 多芸志の小浜とは、現在の出雲市の東側だな。そこへ、いわゆる迎賓館を建てたのだ。この場所を出雲大社とする説もある

 わざわざ建てちゃうんだね。ミナトノカミさんって？

 神生みで生まれた、ハヤアキツヒコとハヤアキツヒメの夫婦のことを言う。その孫が、オオクニヌシの国に所属していたようだ。神生みで生まれた自然の神は地上の自然を担当する神であるから、オオヤマツミを初めとして国津神になっている神が多い

この国の山はみんなわしの子供か孫みたいなもんなんじゃよ

オオヤマツミ
（オーヤマさん）

　天の神々へのごちそうを差し上げる時に、お祝いの言葉を申し上げたクシヤタマは鵜に変身して、海底の

粘土を取ってきてたくさんの皿を作り、ワカメを刈って火きり臼を、海藻のくきで火きり杵を作って、新しい火を焚いた。

 さすがに神さまが変身するくらいじゃ驚かないけどさ、火きりうすと火きりきねってなに？　おもちつくの？

 餅ではない。火をつけるための昔の道具だ。火きり杵は棒の形、火きり臼はくぼみがある形をしており、臼へ杵を擦って火をつける。こうして儀式の神聖な火をおこすのだ

 あの、手でめっちゃ棒回すやつか！　すげー疲れそうなやつ！

　そうして、オオクニヌシが祝いの言葉を述べた。
「この私がおこした火は、高天原のカミムスビさまがいらっしゃる天上の神殿のように、新しい宮殿に煤が長く垂れるまでいつまでも燃やし続ける。地下では、地底の石までも焼き固めましょう。とても長い縄を打って釣りをする漁師が、口が大きく尾びれが翼のように張った立派なスズキを釣り、ざわざわと引き上げて、竹の台がゆがむくらいにたくさん、天の神々への魚料理を献上しましょう」
　こうして、タケミカヅチは高天原へ帰り上って、葦原中国との交渉をまとめ、従わせて和平したことを報告した。

 昔の人もスズキ食べてたんだねえ。焼き魚とか、オイシイよね……

 食い気が先に来たか……。一応ここ、オオクニヌシの治世が終わるところなんだが。ふむ、この縄を打って行う釣りは、延縄漁とする学者もいる。太く長い縄を海上に張り、そこから針を付けた枝縄を海に沈めて釣るのだ。現在でも行われている漁法だな

あー、縄で釣りすんの？ とか思ってた。そういうやり方なのね

 話を戻すと、この一連の流れは、古事記を作った側の『いざこざはあったが、最終的には平和裏に出雲の国を従えたのだ』という主張が見て取れる。実際、出雲大社はあるわけで、オオクニヌシたちも、そうそうぞんざいに扱われたりはしなかったようだな

 セーフクされちゃったのは変わんないけどね〜。とりあえずオオちゃん、おつかれだわ

オモイカネの「天津神と国津神」

　国譲り、ついに成功！　いやはや、苦労しました。オモイカネです。

　さて、今回のように日本神話の神々、特に古事記の範囲では神々は「天津神（あまつかみ）」と「国津神（くにつかみ）」の二グループに分けられます。

　これは大まかに言ってしまえば所属の違いで、天界である高天原に属する神々を天津神、地上である葦原中国（あしはらのなかつくに）に属する神々を国津神と言います。

　また、アメノミナカヌシさま・カミムスビさま・タカミムスビさまの造化三神（ぞうかさんしん）と、ウマシアシカビヒコヂさま・アメノトコタチさまを加えた五柱は「別天津神（ことあまつかみ）」とされ、天津神の中でもさらに特別な神々とされています。

　単純に分けるにしても、国津神の中には元々天津神であり多くの国津神の祖先となったスサノオさまや、イザナギさま・イザナミさまから生まれたけれど、葦原中国に住んで国津神になっているオオヤマツミさまなどもおり、その子供のアシナヅチさまは自らを国津神と名乗っています。このように、天津神から生まれて国津神（の祖先）になっている神さまはたくさんいますので、変わることのない属性というわけでもないようですね。

JK、国作りの苦労に思いをはせる

「そういうわけで、今日はここまでだ。思金、御苦労だった」
「はいは〜い。それではまた〜。いやあ、月読さまもサマになって参りましたねえ」
「やかましい。余計なことを言うでない」
　日が落ち始めた境内、月読が古事記をぱたんと閉じた。紬紀はほう、と一息。
「いやあ〜、オオクニちゃん編はバトルありラブありで面白かったわ。何か痴話ゲンカしたりとか、結構人間に近くなってきたよね、カミサマも」
「天から地上に舞台が移ったせいもあるだろう。騒がしいからな、こちらは」

　一人と一柱は、なんとなく空を見た。青色が淡くなる空に、薄らと月が浮かんでいる。
「アマテラ姉ちゃんの子供のカミサマたちも嫌がってたもんねえ。ツッキーはこっち、嫌い？」
「別に、地上のことなぞに好きも嫌いも──」言いかけて、
　月読は上目遣いにちらちらと彼を見てくる少女に気付く。ふん、と吐息をひとつ。
「──まあ、大昔から見ておるからな。多少の愛着はある……と言えなくもないような気もしないでもないな」
「なにそれ〜！」
　きゃいきゃいと周囲を回りながらかしましい少女に、月神はうるさそうに手を振る。
「ええいやかましい。境内で騒ぐな。これから暗くするによって、家に帰るがいいわ」

「はーい！　ツッキー、また明日ね！　お休みだからお昼から来れるよ！」
「朝は」
「ねる！！」
　元気よく言いながら神社を去っていく紬紀。
「……気を遣って損をしたかも知れん」
「お見事なものでしたよ。気むずかしいものですから、あの年頃は」
　やって来た神主が、敷物を片付けながら笑った。
「いかがですか、このたびの降臨は」
「ん？　うむ……」少々考えてから、月読は答える。「気紛れだ。次からの天孫──ニニギめの話が終われば、ここを去る日も近い。いつまでも神が人前に出ておるわけにもいくまい」
　神主は頷き、一礼して月読を拝み、去っていく。

　月読はもう一度、己の分身たる月を見上げて、それから沈みいく太陽を見る。先ほどまで講義していた、国譲り神話のことを考えた。
「姉上もなあ、ご自分と弟との間の子孫の手で、弟の子孫が作った国を奪わんでも良かろうに。自分の直系が可愛いのは神も人も同じか……おっと」
　太陽と月が同時に空にあるこの時、うっかり太陽神の天照に聞き咎められてはたまらない。肩をすくめて、月読は仕事に入るべく天へと上がった。

「来たよ！」
　翌日。日がやや中天を過ぎた午後１時。元気にやって来た紬紀を見て、月読は苦々しく告げる。
「本当にのんびりと昼から来おって」
「いひひ、ごめんごめん……待った？」
「いや。実際こちらも今来たところでな。先ほどまで、姉上からあれこれ言われておった」

その言葉に、先日まで教示を賜っていた紬紀はさすがに目を見開いた。天の太陽に手をかざして見上げる。
「あねうえって……アマテラ姉ちゃん？」
　苦い顔で頷くのは、鏡の向こうの思金だ。
「人の子に神の行状を好き放題言われていてはなりませんとか、なんとか……。あはは、何せ次から天孫、アマテラスさまのお孫さんのお話ですので。気をつけなさいと」
「……お孫さんもやばいの？」
　そそっと聞いてみる。月読は答えず、咳払いひとつ。紬紀は察した。
「努力はしてみよう。では、始めるか」

天孫地上へ

天孫降臨…生まれてすぐ仕事の災難な天孫

　こうして、アマテラスとタカギは、天津神のあとを継ぐ子であるマサカツアカツカチハヤヒアメノオシホミミへと命じて言った。
「今、葦原中国を従わせ終わったという報せがあった。前に言って聞かせた通りに、地上へ降りて支配しなさい」
だがアメノオシホミミはこう答えた。
「僕が天から降りようと準備してる間に、子供が生まれたんですよ。名前は天迩岐志国迩岐志天津日高日子番能迩々芸命と言います。この子を行かせましょう」

子供に面倒ごと押しつける親……しかも自分と一緒で滅茶苦茶名前長いし。キラキラネームすぎ

これ、言い方を考えろ。まあ名前が長いのも事実なので、ここからはニニギと呼ぶ

まさに天の王子様な私だ。多少のオイタは若かったと思って許すがいい

ニニギ
（ニニギくん）

ニニギん、大変だあ。だって今回の騒動の途中で生まれたならどんなに行ってても十歳くらいでしょ、計算したら。ホヒさんが三年連絡なしで、アメワカくんが八年だもんね

む、むう。変なところで賢くなりおって。だが神だから平気だ、神だから

　この子は、アメノオシホミミがタカギの娘の万幡豊秋津師比売命

と結婚して生んだ子であった。それは天火明命（アメノホアカリノミコト）と、ニニギの二柱である。

 タカミーさんの子供ってことは……オモカネさんんと一緒だね！

 む、覚えていたか。その通りだ。話をタカギさまの系譜に戻すと、つまりニニギとアメノホアカリは、高天原の現最高指導者である二柱――姉上とタカギさま、両方の血を引いた孫ということだ。こういったわけで天の孫、天孫（てんそん）という

 うへ～。超いいとこの子ってことかあ

　こういった理由で、アメノオシホミミが言うままに、アマテラスたちはニニギへ、
「この豊葦原水穂国（とよあしはらのみずほのくに）は、お前が支配する国として任せます。そういうわけで、命令の通りに天から降りるのです」
と言ったのだった。

 そんで、それ通っちゃうんだ！　アマテラ姉ちゃん、息子に甘すぎない！？　ミミさん、自分が行きたくないだけなんじゃね～？

 う～む。さて、ここでは姉上やタカギさまの考えは書かれていないため分からんが。とはいえすんなりこの申し出が通ったのは、ニニギが姉上だけではなく、タカギさまの孫でもあるのがやはり大きかったのかも知れんな

 ダブルでえらい神さまの子孫だからって、押し付けられるのはタイヘンだよ～

天孫地上へ

猿田毘古登場…天孫、お婆ちゃんに救援要請

　こうして、ニニギが天から降ろうとする時、天の八巷にいる者があった。上は天を照らし、下は地上の葦原中国を照らす神がいた。これに対し、アマテラスとタカギはアメノウズメに命令を出した。

ん？　ニニギんが降るのに、なんでアマテラ姉ちゃんたちが……？

まあ、何か光っておるのがいるから一旦戻ったのであろうな、ニニギが

即おばあちゃんに泣きついてんじゃん！！　大丈夫なのニニギんは

うむ、まあ、うん……。あー、ところで八巷というのは交差点のようなものだ。天から降りる道にはいくつもの分岐点があったのだな

（ごまかしたなツッキー……）

「お前はか弱い女だが、向かい合う神に顔で勝つ力を持つ神だ。なので、お前が行って『我が御子が天から降りる道にいるのは誰だ』と聞いてこい」

これ、要するに『あなただーれ？』ってことだよね……そんくらい自分で聞きなさいよ、ニニギん……。てかアマテラ姉ちゃん過保護すぎない？　スッサーが暴れた時もそうだったけどさ、家族にちょー甘いよね

むむ。否定できん。こののちもあれこれ子孫を手助けするからな、姉上は……

で、ウズメさんに急に超能力が。なんで向かいあうと勝つの？ 顔がいいから？

実際、それもある

えっ、あんの？ ジョーダンのつもりだったんだけど

天岩戸(あまのいわど)の事件を思い出すがいい。あの時のように神々を魅了し喜ばせる力もそうだが、彼女には自分を見る相手を圧倒するような力が備わっているのだろう

　アメノウズメが行って言われた通りに聞くと、その神は答えて、
「私めは国津神(くにつかみ)で、名前は猿田毘古神（サルタビコノカミ）と申します。ここにいた理由は、天津神(あまつかみ)の子が天から降りると聞いたので、その先頭に立って案内しようとして待っておりました」
と言った。

しかも結局いい神さまだし。ニニギんてば、お父さんと一緒でビビりすぎだよね〜

そう言ってやるな。サルタビコのように、天と地を光って照らす神などそうそういるものではない。注意深くなってしまったのだろうよ

分かりやすいように光ってたんだけど、怖がらせちゃったかな……

サルタビコ
（サルタっち）

天孫地上へ

天孫一行…アマテラス、孫にたくさんお供を付ける

　こうして、アマテラスはニニギ一行に、アメノコヤネ（天児屋）、フトダマ（布刀玉）、アメノウズメ（天宇受売）、伊斯許理度売命（イシコリドメノミコト）、玉祖命（タマノオヤノミコト）と、合わせて五柱を五伴緒……つまり五つの職業をするお供として、高天原より分けて加えて、天から降ろした。

 あれ、この神さまたち、どっかで出てきたよね？

 さすがに並べば分かるか。この神々は、天岩戸の事件の際に、姉上を引っ張り出す作戦で活躍した神々だ。『とものお』とは各職業の長とか、官僚を指す

 カンリョーってあれだ、公務員のすごいヤツ！

　さらに、天岩戸の時に使われた八尺の勾玉と鏡、そして草薙の剣を、常世のオモイカネ、タヂカラオ、天石戸別神（アメノイワトワケノカミ）へ持たせてニニギたちにそえて、こう言った。
「この鏡は、私、アマテラスの御魂として、私の前で拝むように祭りなさい。次に、オモイカネはこの祭事と政治を担当しなさい」

 やっぱアマテラ姉ちゃん過保護だわ。どんだけ神さまつけんの。こんどは名前パワーアップしたオモカネさんにタヂさんに……アメノイ……？　あれ、これだれ？

 よく気付いた。この神はアメノイワトワケ。天岩戸の戸が神となったものだ。ここの神々は、すべて天岩戸に関わった

神々なのだな。持たされた道具もその時に使われたもので、これに弟が献上した草薙の剣を加え、日本の最高の宝である三種の神器が地上に降ろされたというわけだ

三種の神器！　ここで貰ったんだ！

この二柱の神は、五十鈴の宮に拝み祭られている。

この、って言われても、だれのこと？

これが困ったことに、古事記には明確にどの神、と書かれていない。説としては鏡を姉上と考えて姉上とオモイカネ、ニニギとオモイカネ、サルタビコとウズメ、と色々だ

ええ〜、テキト〜！　五十鈴の宮っていうのも分かんないの？

いや。これは伊勢神宮の内宮のことだ。鏡を姉上と思って祭れ、の命令通りだな

　次に豊受神が外宮の度相という場所にいる。アメノイワトワケは別名を櫛石窓神、豊石窓神といい、この神は門の神である。次にタヂカラオは佐那々県にいる。
　さて、アメノコヤネは中臣連の祖先で、フトダマは忌部首の祖先で、アメノウズメは猿女君の祖先で、イシコリドメは鏡作連の祖先で、タマノオヤは玉祖連の祖先である。

ここから、ニニギと天から降りてきた神々のその後の説明となる。見ての通りだな。佐那々県とは地名で、今で言えば三重県に佐那神社があり、ここの神がタヂカラオだ

そのあとの、え〜、ムラジとか、オビトとか、キミっての

161

は～？

一族の姓(かばね)だな。日本の中で有力な一族を豪族といい、姓は豪族や貴族の、王との関係や、役割を表すものだ。つまりニニギと一緒に降りてきた神々は、のちの日本の有力な豪族・貴族の祖先となったということだ

むっ、ひらめいた！　これつまり、『ウチのひいひいひい……お爺ちゃんは神さまだぞーワッハッハ』っつーことね！？

そういう言い方をすると俗っぽくなってしまうが、まあそういうことだな。国が作った古事記で、それを認定されたということだ

そりゃ自分のご先祖サマが神サマだったら、自慢しちゃうもんねえ

天孫地上へ

天降り…ニニギ、すごい勢いで地上へ降りる

　アマテラスの命令を受けた天津神の後継者ニニギは、天の石位から離れ、八重にたなびく雲を押し分けて、自分に相応しい道をかきわけ、天の浮橋にしっかり立って、筑紫の日向の高千穂の峰にある立派な岳へと降り立った。

　ズバーっとカッコよく山に降りたってことでいいの？

　筑紫、つまり九州、説によっては宮崎県辺りだな。しかし汝、雑にまとめたな……

　だってさ、あれだけ山ほどお膳立てされてたらねえ。一番最初にこれだけの神さま送ってたら、それで終わってたんじゃね？　そのへんどーよツッキー

　いざ支配者が降りる時にちんまりとやっても仕方あるまい。こういうのは権威を見せるのも大事なのだ

　この時、天忍日命と天津久米命の二柱が、天の矢入れを背負って、柄にこぶがついた大刀を腰に、天の波士弓を持ち、天の真鹿児矢を手に挟んで、集団の先頭に立って仕えた。アメノオシヒは大伴連の祖先で、アマツクメは久米直の祖先である。

　あれ、またお付きが増えた

　天、と頭に付いてはいるが、彼らは葦原中国の神で、地上で最初にニニギに従った。例によってのちの有力一族の祖先であると記されている。大伴連も久米直も、軍事関係の一族で

163

あったようだ

アメワカくんが持ってた弓矢じゃないの？　あれ。なんで持ってんの？

ああ。同じ名前だな。これが引き継いだ同じものなのか、素材として同じだから同じ名前なのかは不明だが、高天原の武器と同様の武器を持っている彼らの力がかなりのものだということがうかがえる

　ニニギはここで、
「ここは韓国を望み、笠沙の岬にも道が通っている。朝日が差し込み、夕日が映える国である。だからとても良い土地だ」
と言い、地底深くの岩に太い柱を建てて、高天原に届くほど高く千木を上げた立派な宮殿を建てた。

あ、韓国これ？　韓国出てきたじゃん！

当時の日本は当然、朝鮮半島や中国も認識していた。というか、古事記制作の少し前に戦争していたしな。笠沙の岬とは鹿児島県の南にあるとされている

そういえばさ、この建物って、スッサーが建てろ、とかオオちゃんが建てて、って言ってた建物と同じ感じだよね？

これはいわゆる『立派な宮殿』の定型句のようなものだな。元は大祓詞という祝詞から来ている

もいっこ気になったんだけど。なんでニニギんは九州に降りたの？　オオちゃんから国もらったんだから、出雲に降りればいいじゃんさ

おお……良い疑問だ。汝もここまで学んできた成果が出たな

でへへ～ほめられた……

さて、これには実際の歴史としての答えと、古事記の物語としての答え、二通りあると言えるが……ここでは古事記という物語の流れとして答えよう。歴史的な話については、興味が出たら調べよ

ほうほう。で、どういう理由？

複数ある。まずは、筑紫の日向、という場所がそもそも、父上の禊祓（みそぎはらえ）により姉上や我が生まれた場所だということだ。要は聖地だな

あっ、そーか！　そういえばそんな名前のとこだったね

次。出雲は引退したオオクニヌシが隠れ住む場所だ。さらにさかのぼれば、弟――スサノオが罪を犯して流された場所でもある。天孫であるニニギがそこへ降りるのは、ちと相応（ふさわ）しくないと思われたのかも知れんな

なんかちょっと疎遠な親戚のとこには行きづらい、みたいな感じかな……？

猿女君の誕生…アメノウズメの新婚旅行

天孫地上へ

ニニギはアメノウズメに、
「ここまで先頭に立って案内してくれたサルタビコ大神は、名前を聞いたお前が送ってあげなさい。そして、この神の名前はお前が継いで仕えなさい」
と命じた。こういったわけで、アメノウズメの子孫である一族の女性は、男神のサルタビコの名前を取ったので猿女君と呼ぶのである。

 神さまが神さまの名前を引き継いじゃったの？ ダブっちゃわない？

 もっと簡単に考えよ。この二柱は、要するに結婚したと考えられるのだ。また『君』は主に男性に使われる呼び方であったのだが、この猿女君から女性にも使われるようになっていく、その始まりだという具合の説明だな

 あ、そういうことか〜。じゃあ送っていくって、新婚旅行だね！

さて、そのサルタビコが阿耶訶（三重県）で漁をした時、比良夫という貝に手を挟まれ、海で溺れた。この時、沈んでいる時の名前を底度久御魂、海水が粒のように泡立つ時の名前を都夫多都御魂、泡が弾ける時の名前を阿和佐久御魂という。

 なんかサルタっち溺れたら神さまが3つ出た。ナニコレ

 順に行こう。サルタビコは全国に神社があるが、三重県にも

祭られている神社があるし、伊勢神宮の中にも神社がある

へ〜じゃあ、新婚旅行先はお伊勢参りだったのかも！

そして溺れた際の三神だが、高位の神はちょっとしたことからも神を生んでしまうのは知っているな。サルタビコもそれだけ高位の神なのかも知れん。とはいえ、神が『生まれた』とは書かれていない。サルタビコが溺れている時の別名という説もある

うっ、それだとなんかこう、失敗した時のことをあだ名にされちゃったみたいでビミョ〜だね……

まあそんな、ちょっとうっかりしたところもあるサルタビコだが、彼への信仰は現代でもかなり篤い。祭りでも神輿を先導する役割の者がいるだろう。あれはサルタビコだ

そーなの！？ ここの祭りでもいるよ！？ あの天狗みたいなお面、サルタっちなんだ！ 『なんで天狗いるんだろ……』って子供のころから思ってたよ！

天孫地上へ

海産物の服従…アメノウズメ、手段がコワイ
（かいさんぶつ）（ふくじゅう）　　　　　　　　　（しゅだん）

　アメノウズメがサルタビコを送って帰ってきたところで、すべてのヒレが広い大きな魚、ヒレが狭い小さい魚を集めて、聞いた。
「お前たちは天津神のお子であるニニギさまに従うか」
と聞いた。これに対し多くの魚たちが、
「お仕えします」
と答えたが、その中で海鼠が何も言わない。

 海の鼠って書いてコって読むの？　なにこれ？

 ナマコのことだ。元々は調理されていないものを生のコと呼んでいたのだな

 ナマコかあ……食べたことないんだよね……どうにも見た目だめでさ〜

　アメノウズメはナマコへ向けて、
「この口は答えない口だね」
と言い、紐のような細い小刀でナマコの口を裂いた。こういったわけで、今もナマコの口は割れているのである。またこのために、代々の世で志摩国の速贄が天皇へと送られてきた時、猿女君へとお裾分けが与えられる。
（はやにえ）
（すそ）

 また気軽にひどいことしてる！　やっぱウズさんも神さまだし結構らんぼーだなあ

 さすがに我としても、これで世の中のナマコすべての口が切

れたと思うとなあ

 そう思うとこの手のお話怖いよね。ほとんど呪いじゃん

 こういった、昔話で現在の動物の説明をする、というものは物語の定番だからな。古事記にもひとつやふたつあるということだなあ

 あとさあとさ、はやにえってなーに？　モズみたいに枝に刺すの？

 違う。この速贄とは、初物(はつもの)、もしくは特急で送られる、地方からの貢ぎ物の意味だ。海の生き物を従えた功績によって、子孫の猿女君には志摩国(しまのくに)……今の伊勢湾の辺りからの貢ぎ物が優先的に天皇から分け与えられると、そういうことだ

天孫地上へ

天孫の結婚…ニニギ、美人さんを見つけ求婚

　ニニギは笠沙の岬で麗しい美人と出会い、こう聞いた。
「誰の娘さんかな？」
　ナンパである。これに彼女は、
「オオヤマツミ（大山津見）の娘で、名前は神阿多都比売と言います。またの名は木花之佐久夜毘売（コノハナノサクヤビメ）と申します」
と親の名前から別名まで礼儀正しく答えた。

 またオオヤマツミさんだ！　子だくさんな神さま～

 オオヤマツミは山の神の総元締めのような存在だ。スサノオの嫁であるクシナダヒメも、彼の孫にあたる

 そういやそうか。クッシーのお父さんの、アシナヅチお爺ちゃんが息子さんだっけ？　神さまだから、同じ子供でも若かったり老けてたりするんだもんな～

　ニニギは続けてこう聞いた。
「貴女に兄弟はいるか？」

 が、ガンガン行くねえニニギんは

 家族構成まで聞く辺り、もうかなり気に入ってしまっているな

　これに彼女は、
「私の姉に、石長比売（イワナガヒメ）がいます」

との答え。これにさらにニニギは、

「私は貴女と結婚したいと思うんだけど、どうかな？」
と即、プロポーズした。これにはさすがにコノハナノサクヤビメも、
「私めにはすぐ返事ができません。私めの父のオオヤマツミに聞かなければ」
と言った。というわけで、ニニギがオオヤマツミへと結婚をお願いする使いを出すと、これにオオヤマツミは大喜び。コノハナノサクヤビメの姉であるイワナガヒメに、机の上に取り放題のたくさんの結納（ゆいのう）の品々をそえて、一緒にニニギへと送り出した。

これでも山の神の娘です。怒ると怖いですよ？

コノハナノサクヤビメ
（サクヤちゃん）

ニニギさま……いけず。女に恥をかかせると、ひどいですからね

イワナガヒメ
（イワちゃん）

 相変わらず神さまの恋愛早っや！　そんでオマケみたいにお姉ちゃんも付いてきた！

 いつものことだろう、慣れよ。……ああ、そういえば前も言ったが、オオヤマツミは我が父、イザナギの子でもある

あ！　じゃあツッキーのお兄ちゃんになるんじゃん。ニニギんはアマテラ姉ちゃんの孫だから……相変わらず結婚するのに近いなあ、親戚が！

 オオヤマツミは父上の息子だが葦原中国(あしはらのなかつくに)で暮らす神だ。高天原の支配者である姉上の子孫が義理の息子になるのが嬉しかったのかも知れんな

 オーヤマさん、たしかスッサーとかオオちゃんのとこにもたくさんお嫁さん出してたもんね。めっちゃ一生けんめーお見合いするパパだなあ～

天孫のやらかし…ニニギ、子孫に寿命を作る

天孫地上へ

　ところが。ニニギの元へ妹と一緒に嫁にきた姉イワナガヒメは大層醜かったので、ニニギは恐れてしまって彼女を送り返した。そしてその妹コノハナノサクヤビメだけと結婚し、一夜を過ごした。

 うわニニギんひっど！　いくら美人じゃないからってさ〜。イワちゃんの立場ないじゃん！

 そうだな。ちとこれは親のオオヤマツミからしても困ったものだ。ニニギは美人という理由でコノハナノサクヤビメに求婚した。……面食いだったのかもなあ

 女に一番嫌われるやつだこれ

　オオヤマツミはイワナガヒメを返されたことをたいへん恥じて、こうニニギへと伝言を送った。
「我が娘を二柱並べて差し出したのは、イワナガヒメを妃にすれば雨が降り、風が吹いても石のように永遠に変わらずいられる。コノハナノサクヤビメを妃にすれば木の花が咲くように繁栄する。そう誓約をして差し出したのです。ですが、ニニギさまはこのイワナガヒメを返してコノハナノサクヤビメだけを残しなさいました。そのため、天津神のご子孫のお命は木の花のような間のみとなります」
　そういうわけで、この時から今まで、天皇の命は神々ほど長くないのである。

 あっ、ウケイ出てきた！　スッサーとアマテラ姉ちゃんもやってたやつだよね

ああ。だがその時と違い、今回はあと出しではあるものの、オオヤマツミによりきっちり条件が決められていた。ニニギはこれを破ってしまったことになる。この報いは子孫である天皇家に向く。つまりは、天の神の子孫であるのに寿命が発生したということだ。イワナガヒメはその名の通り『石のように長く』ある神だったのだな

あら〜……これがなきゃ、天皇さんたちって老けなかったの？ こりゃ大ポカだわニニギん

神話としてはそういうことだ。では古事記を作った人間たちにとってこの話がどういう役割があるのかといえば、古事記の物語を読んだ人々が当然抱く『なぜ天皇は神の子孫であるのに寿命があるのだろう？』という疑問への答えになっているわけだな

……え〜と……つまり『昔の神さまがやらかしたせいであって、今の天皇さんが神さまの子孫じゃないなんてことはないんだよ』ってことね

うん。そうなんだが。もうちょっとこう、言い方をだな……

天孫地上へ
天孫の子供…嫁、怒りのエクストリーム出産

　このあと、コノハナノサクヤビメはニニギのところにやって来て、
「私は妊娠して、もう臨月です。天津神の子を私が勝手にこっそり生むというわけにもいかないでしょう？　ニニギ、どうにかして」
と話した。が、これにニニギはこう言った。
「サクヤビメ、私とお前は一晩しか寝てないでしょ？　それで妊娠するなんて、それは私の子じゃないだろう。きっと地上の神、国津神の子だ」

 うーわ……超ハイパーウルトラサイテー野郎だなニニギん……

 ううむ。男が抱える普遍的な悩みではあるが、さすがにちと弁護しづらいな

 これ一緒にいたオモカネさんたちも呆れちゃったんじゃないの〜？

　これにはコノハナノサクヤビメも黙ってはおれず、
「私の子がもし国津神の子なら、生まれる時に不幸があるでしょう。もし天津神の子ならば、幸福に生まれます」
と答えて、戸の無い八尋殿を作り、その中に入り、入り口と隙間を土で塗り固め、今まさに子供を生むその時、建物に火を付けて出産した。

 う、うおお、サクヤちゃん、いやさサクヤさん、すっごい……マ？　これマ？

- いやこれは、さすがに周囲もわけが分からなかっただろうな……

- 八尋殿って、前言ってたけど要するに豪邸だよねえ。ブチ切れして自分で建築して入り口ふさぐ工事までしちゃったのね、出産間近なのに！

- しかも彼女は、安産の女神でもある。この話から来ているのは分かるのだが、いやはや

　そういったわけで、火が激しい時に生まれた子は火照命、この神は隼人阿多君の祖先である。次に生んだのは火須勢理命。次が火遠理命。別名を天津日高日子穂々手見命。

- おお、三つ子。ホデリお兄ちゃんはまたのちの強〜い一族さんのご先祖さまなのね？

- その通り。その辺の話が次からの主題となる。ともあれ、コノハナノサクヤビメの勇気ある出産により、ニニギも自分の子供だと認めざるを得なくなったわけだ

- そりゃそーだよ！　困ったお坊ちゃんだわ！　いや〜それにひきかえサクヤさんには惚れるわ！　カッコい〜！

- さすがに反省しただろうし、そう言ってやるな。さて、これにてニニギ……天孫の子供は、オオヤマツミの娘という有力な国津神の血を入れることになったわけだな

オモイカネの「神の称号」

　皆さまに神さま知識をお届けするオモイカネです。今回は神さまの称号について。

　私たち神々の名前の最後に付く「神(かみ)」「命(みこと)」「尊(みこと)」などの尊称。名前それ自体とは違って、文章や資料によって変化します。これはどういうことかと言えば、神の種別というか、状態により付けられているのです。

　まず「神」ですが、神としてただ存在している状態、また神社の祭神としてパワーを出している時に使われることが多いですね。つまり基本の状態です。立場がえらくなったり、元から特別な神とされている場合「大神(おおかみ)」「大御神(おおみかみ)」というスゴイ称号になったりします。なので、イザナギさまは国生み・神生みを終えると「大神」と呼ばれていますし、妻のイザナミさまも、お亡くなりになってからは黄泉津大神(よもつおおかみ)という名前もお持ちになります。

　次に「命」です。イザナギさま・イザナミさまは生まれた時には「神」ですが、直後に天津神に世界を作ることを命じられると「命」になっています。つまり、これは天の神から命令された状態の神、何かしら役割を負っている状態の神は「命」になるということですね。

　最後に「尊」ですが、これは古事記では使われてません。意味としては「命」と同じで、どちらかといえば「命」より立場が貴い神に付けられています。『日本書紀』には高天原の神や皇祖神に「尊」が使われるとされております。

天の御子たち

海幸と山幸…狩り兄弟、道具で仲たがいする

　時は流れ、ホデリ（火照）は海佐知毘古（海幸彦）の別名を持って、大小の海産物を取り、ホオリ（火遠理）は山佐知毘古（山幸彦）の別名を持って、荒い皮・柔らかな皮の大小の獣を取っていた。

海幸彦ことホデリ
（ホデ兄ちゃん）

山幸彦ことホオリ
（ホオ兄ちゃん）

弟のワガママを聞いてやっただけなのに、えらいことになってしまった……

一応僕らも皇子さまなんだけどね。割と若い時のお仕事は地味なんだよね

 あれ、この神さまたちってニニギんの子供だよね？　真ん中のセリ君は出てこないの？

 うむ、さすがに覚えていたか。ホスセリ（火須勢理）は名前こそ出るものの、こののち登場することなく姿を消す。特に目立つこともなかったのかもな

 ツッキーも真ん中であんまりお話に出てこないもんね

 むむ。失敬な奴め。我は真面目に神としての仕事をしていた

だけだ。そうだな、きっとホスセリも真面目に皇子としての仕事をしていたに違いないな

 あっ、ひいきし始めた！

　ある日、ホオリは兄のホデリに
「ねえ、お互いの『サチ』を変えて仕事してみないかい？」
と提案した。ホデリは三回断った。しかし、弟に繰り返し頼まれて、ホデリはとうとう少しだけ交換した。こうしてホオリは海のサチを使って魚釣りをしてみたが、一匹も釣れない。それどころか、釣り針を海に無くしてしまったのだった。そこへホデリが現れ、自分の釣り針を求めてこう言った。
「山サチも己がサチサチ。海サチも己がサチサチと言うだろう。さあ、お互いのサチを返そうじゃないか」

 サチサチ言ってるけども、サチってなんじゃらほい？

 サチという言葉は彼らの別名にも使われている。このサチというものは、彼らの名前であり、漁や猟の道具であり、獲物でもある。すべてにサチという言葉を使うのだ

 えーナニソレ！　ややこしいなあ。んじゃここは……釣り針のことなの？

 おお、今日は冴えておるな。その通り。漁の道具としてのサチだな。『山サチも己がサチサチ〜』というのは、ことわざや呪文のようなものだ。意味としては『山でも海でも、自分の道具でなければ獲物は取れない』と、まあそんなところだな

　ホオリは、
「兄さんの釣針は魚釣りで一匹も釣れなかった上に、海に無くして

しまったんだ」
と告白する。しかし兄のホデリはどうしても元の釣針が欲しいと強く求めた。ホオリは腰の十拳の剣を砕いて五百の釣針を作って弁償しようとしたが、ホデリは受け取らない。ホオリが今度は千の釣針を作って弁償しようとしても、
「やはり元の釣針をもらわないとダメだ」
とホデリは譲らないのであった。

 これはまあホオちゃんが悪いと思うな〜。ホデ兄ちゃん3回も断ってたし

 愛用の道具というのはあるからな。この時代、愛用の狩りの道具は呪術的な力で獲物とつながっていると考えられていた。それを無くされては仕事にならんというわけだ

 ホデ兄ちゃん、完全にヘソ曲げちゃってんだね。こりゃ困った

天の御子たち

塩椎神の助言…ホオリ、神さまに悩み相談

　こうして、ホオリが泣いて思い悩んで海辺にいると、塩椎神がやって来た。
「虚空津日高よ、泣いて思い悩んでいる理由は何かな？」
と聞いた。

 いきなり神さまが悩み相談室始めちゃった。あと昔の人はさ〜。急に名前増やすの止めてほしーんだけど〜。ソラツヒコってホオちゃんのことでいいの？

 うむ。その通りだ。ソラツヒコというのは、ニニギの正式な名前である『アマツヒコ』と対応している名前だな。それよりも、このシオツチが一目でホオリを天津神の子孫と見抜くほどの者ということが重要なのだ

　ホオリは答えて言った。
「僕は兄さんの釣り針と猟の道具を交換したのだけど、その釣り針を無くしてしまったんだ。兄さんはその針を返せと言う。代わりにたくさんの針を作っても受け取ってくれなくて『やはり元の釣針をもらわないとダメだ』ってさ。だから泣いて思い悩んでいるんだ」

 だからって泣かなくてもよくない？

 ホデリの請求がそれだけものすごかったのかも知れん。とはいえホデリのほうも、頼まれて交換したのに、自分の道具だけ無くされてはたまったものではないだろうよ

181

これに対して、シオツチは
「わしがそなたのために、良い作戦を立ててやろう」
と言い、すぐに目を細かく隙間無く編んだかごの船を作り、ホオリを乗せて教えた。
「わしが船を海に押し流し、しばらくそのまま行けば、良い海の道があるだろう。その道に乗っておれば、魚の鱗のようにびっしり造られた宮殿がある。そこが綿津見神の宮殿だ。そこの門に着いたなら、井戸の辺りに立派な桂の木がある。その木の上におれば、海神の娘が見つけて、相談に乗ってくれるだろう」
と言った。

 前のことなので忘れているかも知れんが、ワタツミは神生みで生まれた海の神だ

 あ〜、そんな神さま、たしかにいたよ〜な。でもシオじいめっちゃ説明細かいよね〜。段取りシュギ過ぎでしょ

 シオツチは海の道……つまり航海の神なのだ。あとまあ、たぶん世話好きなのだろうよ

 ほとんど予言だもんね。一から十までセッティングしてくれる占い師って感じ。私も占ってくんないかなあ

天の御子たち

ワタツミの宮…ホオリ、初訪問で奇行に走る

　ホオリがシオツチに言われた通りに海を少し行くと、すべてシオツチの言う通りであり、ホオリは海神の宮殿の門の近く、桂の木の上に登って座っていた。そうしていると、海神の娘である豊玉毘売の、召使いの女性が来た。彼女が美しい玉器に水をくもうとした時、井戸に人影があったので上を見れば、美男子（ホオリのこと）がいるので、これは不思議と思った。

いや不思議ってか怖いでしょ。いくらイケメンでも家の近くの木の上にいたら

う、うむ。……そうかも知れんが、その怪しさが吹っ飛ぶほどホオリは立派な男に見えたということだ

　ここでホオリは召使いを見て、
「水がほしいな」
とお願いした。彼女は水を玉器にくんで差し出した。だがホオリは水を飲まず、首飾りの珠をほどき、それを口に含んでから唾と共に玉器へ吐き入れた。

意味・分からん！　何してんだホオちゃんは！！　しつれーでしょ！

意外に礼儀に厳しい奴

器に唾吐くとかダメでしょー。ところで、玉器ってなんなの？

183

主に儀礼用に使われる器だ。翡翠などを使った器で、多くは装飾が付いている

　珠は玉器にぴったりくっ付いた。召使いはそれをはがすことができなかったので、トヨタマビメのところへ持っていった。

んで、結局これホオちゃんは何がしたかったの？

古代、唾には呪力があると信じられていたのだ。古事記には出てこないが、唾の神だって世の中にはいる。唾は汚れたものとされていなかったのだよ

ホオリさまとは一目惚れ同士ですの。え？　歯が鋭い？　気のせいですわよオホホ

トヨタマビメ（トヨちゃん）

うえ、唾にも神さまいんの〜？　つくづくなんでもありだなぁ、日本の神さま

のちの時代にも、唾を武器に付けて化物を退治する、という物語があるのではなかったか。ともあれ、唾により召使いに己の呪力を示し、くっ付けた珠により自分の地位を示し、主を呼ばせようと……そんなところかな

ま、まわりくどい……この家の女の子呼んでー、でいいじゃんか……

それを言っては仕方ない。今の言葉で言うドラマチックな演出というやつだ

天の御子たち

トヨタマビメとの結婚…神の恋愛は速度重視

　召使いが差し出した玉器の中の珠を見たトヨタマビメは、召使いに聞いた。
「もしかして、門の外に人がいるの？」
　召使いは答えて説明した。
「はい、人がいます。井戸の上、桂の木の上に座っています。とてつもない美男子です。私たちの王よりも立派で貴い感じがします。そのお人が水を欲しいと言ったので、水を差し上げたら、飲まずにこの珠を唾と一緒に吐いて入れました。これが取れないので、入れたままにして持ってきてお渡ししたのです」

 召使いの女の人、完全にやられちゃってんじゃん？

 彼女はホオリの美男ぶりにすっかり参ってしまったようだな。自分の王であるワタツミよりも上だと、その王の娘に言ってしまっている

 惚れっぽすぎない？　この召使いさん……

　この説明にトヨタマビメは不思議に思い、外へ出てホオリを見た途端に、目を合わせ、彼に一目惚れしてしまった。

 トヨちゃんもダメだった。即落ち。地上の神さまイケメンに弱すぎ

 天孫の子だけあって、ホオリの呪力と魅力はとても高いようだ。トヨタマビメも、血筋的にはイザナギ──父上の孫にあ

たる、非常に位の高い存在ではあるのだが

 そーいやそーなんのね。また親戚か〜

　宮殿に戻ったトヨタマビメは父へ、
「私たちの宮殿の門に、とても立派な人がいます」
と報告すると、海の神ワタツミは自ら出てきてホオリを見て、こう言った。
「この人はアマツヒコの子のソラツヒコではないか！」

 あらまた出てきた、ソラツヒコ

 アマツヒコは天孫、ニニギを意味する。さっき言ったように、アマツヒコに対応してその子供を示す名前がソラツヒコだ

　ワタツミはホオリを家の中に迎え入れ、ミチの皮の畳を八重に、その上に絹の畳を八重に敷き、その上に座らせ、たくさんの宝物を机に並べて、ごちそうをし、娘のトヨタマビメと結婚させた。それ以来、3年間ホオリはこの国に住んだ。

 相変わらず結婚早いなあ。あれ？　でも、この流れどっかで見たような……

 そうだな。これはオオクニヌシが根の国で結婚した時の流れとよく似ている。もっとも、今回は嫁の父による試練は無かったがな

 そだそだ。お義父さんにいきなり変な名前言われるのもそっくり。パクリ？

 汝はいつも言い方がなあ……。似た話が別地方や時代で変化するのはよくあることだ。ちなみに『ミチの皮』のミチとは

アシカのことだ

うひゃ、この時代の人ってアシカ狩ってたんだね。カワイーのにな……

人間の記録によると、皮や油を利用していたようだな。もっとも、このミチとされるニホンアシカは、今は絶滅してしまったようだが

ムコがかわいいから最初から最後まで面倒見ちゃうぞ！

ワタツミ
（ワタッさん）

天の御子たち

ホオリの悩み相談…やっとこ目的を思い出す

　ある時、ホオリはそもそもの始まりを思い出して大きなため息をついた。トヨタマビメはこのため息を聞いて、
「三年もここにいて、いつもはため息をつくことなんてないのに、今日は大ため息。どうかしたのかしら？」
と、父に相談した。ということで、父であるワタツミ大神は自分の婿へ聞いてみた。
「今朝、我が娘が言うには『三年もここにいて、いつもはため息をつくことなんてないのに、今日は大ため息』とのことだ。何か理由があるのかな？　そもそも、ここに来た理由はなんだったかな？」

い、いまさら！　三年も住んで遊んでたのに！　お義父さんのワタッさんも用事すら三年聞いてないし！

やって来た男が娘と結婚したら、何も気にしなかったワタツミもワタツミだが、ホオリもまたなかなか都合の良い頭をしているな。天津神の跡継ぎだぞ。地上の者たちも心配しておるだろうに

それな。わたしなんて一日帰んなかっただけで大騒ぎよ？　めっちゃ怒られる

良い親ではないか

　それで、ホオリはワタツミ大神に、兄の釣り針を無くして罰されたことを詳しく語ったのだった。これに、海の神であるワタツミは海の大小の魚をすべて集めて、こう聞いた。
「もしかして、ホオリの釣針を取った魚がいるか？」

そっか、海の神さまなら海でなくしたもん分かるもんね！

 ワタツミは父上と母上の神生みで生まれた神の一柱で、別名オオワタツミ（大綿津見）ともいう。オオヤマツミ（大山津見）が山の大元締めならば、オオワタツミは海の大元締めなのだ

 あ、ちょいちょい『大神』ってつくのはそういうことなのね。えらいんだ

　これに多くの魚が、こう答えた。
「このころ、赤海鯽が喉にとげが刺さってものが食べられないと悲しんでいる。なのでこの者が取ったのでしょう」
　そんなわけでアカチヌの喉を探すと、釣針を見つけた。

 あかちぬ？　ちぬってクロダイのことだっけ？

 お、知っているのか。そうか、ここは漁港があるのだったな

 父さんとかお爺ちゃんとかから魚のことよく聞いてたからね。私、生魚ニガテだけど

 赤いチヌ、つまりは真鯛だな。タイは遥か数千年以上前の骨が出土している

 すうせん……ってジョーモン時代じゃん！　昔っから食べてたのね。にしても、海にあるお屋敷で、お嫁さんにおもてなしされてお魚たち、って、まるで浦島太郎だよね

 そうだな。実際関係はあるのかも知れん。他の書物にも、似た伝説伝承は多数ある

海神の教え…ホオリ、仕返しの方法を学ぶ

天の御子たち

　釣り針を取り出して、洗い清めてホオリに返す時、ワタツミ大神がこう教えた。
「この釣針をお兄さんに返す時には『淤煩鉤(おぼち)、須須鉤(すすち)、貧鉤(まぢち)、宇流鉤(うるち)』と言い、後ろ手で渡しなされ」

　急にラップ決めだした？　なんなのこれ

　（ラップってなんだ？）やれやれ、ワタツミの話の途中なのだが仕方あるまい。この意味は順に『憂鬱(ゆううつ)な釣り針、凶暴な釣り針、貧乏な釣り針、愚かな釣り針』という具合だ。後ろ手で渡すのも合わせて、呪いの言葉だな

　ええ〜、自分が無くしたもん返すのに……

「もしお兄さんが高いところに田を作れば、そなたは低い田を作りなされ。お兄さんが低いところに田を作れば、貴方は高い田を作りなされ。そうすれば、私は水を支配しておるのでそれを操って、三年のうちにお兄さんは貧しくなる。もしこれを恨んで攻めてきて戦うなら、この塩盈珠(しおみつたま)で溺れさせ、そこで悲しんで困っていたらこの塩乾珠(しおふるたま)で助けて、悩み苦しませてやるのがいいじゃろう」
　そう言って、塩盈珠と塩乾珠、合わせてふたつをホオリへと授けた。

　わ、ワタッさんのアドバイスがインケンすぎる……

　まず密かに切り札を持ち、向こうが困るように仕向け、それ

で攻めてきたらそれをいいことに反撃する。上手い手と言えばそうなのだが

 もともと兄弟喧嘩なんですけどぉ……対策がガチすぎぃ

 序文を思い出すがいい。天武天皇も、甥を戦争で倒して天皇になったのだ

 昔の天皇さんの兄弟仲、サツバツだなあ〜！

 ……とはいえ始まりを考えれば、どちらかといえばホオリがまず悪いのだがな。海を支配する強い義父を手に入れた特権というところか

 うう、神さまの時代でもコネが重要なの？　夢が無いなあ

ワニの出世…サメ、タクシー役で成り上がる

　それから、ワタツミはすべてのワニを集めて聞いた。
「今アマツヒコのお子さんのソラツヒコが地上の国に行こうとしておる。ものども、何日でお送りして報告ができるか」

 ワニがめっちゃ並んでたらこわいな……。あ、でもサメなんだっけ？

 うむ、前の因幡の白兎の時と同じだな。サメだ

 ……いやまあサメでも怖いわやっぱ。サメに送られるとか冷や冷やしそう

　それぞれのワニが、自分の体の大きさを考えて日数を答える中で、一尋の大きさのワニがこう言った。
「僕なら一日で送ってすぐ帰れます！」

 おっ、このワニ君自信満々じゃん。一尋ってどんくらいの大きさなの？

 尋、というものは元々大人が腕を広げたほどの長さをいう。ここでの尋は色々説があるが、今の単位で言うならば1.5mから1.8mほどだ

 わたしとそんな変わんないのね。そんなら噛まないかな？

 そう嫌ってやるな。サメが人に危害を加えるようなことはめったにないのだぞ

うう、サメ映画とかよく見るからついさ〜

　こういうわけで、ワタツミは一尋ワニに命令した。
「ならばお前が送ってあげなさい。しかしだ、海の中を渡る時に、怖い思いをさせるでないぞ」
　そうして、ホオリをワニの首に乗せて送り出した。

 ワタッさんめっちゃおムコさんに過保護だな……。送ってあげるのに『怖い思いさせるな』って……たしかにサメは怖いけどさ

 息子が出来てよほど嬉しかったのかもなあ

　約束通り、ワニは一日で送った。ワニが戻ろうとした時、ホオリは腰の紐小刀を外して、ワニの首にかけて返した。なので、一尋ワニは今も佐比持神という。

 おお、一尋ワニくん、ホオちゃん送ったら神さまにしてもらっちゃったの？　出世魚どころじゃない出世〜

 この『サヒ』とは刃物のことだ。これはサメの歯のこととも、背びれのこととも言われている

 紐小刀ってウズさんがナマコ切った時にも出てきてたよね？

 そうだな。だが同じものとは限らん。紐小刀とは細く鋭い小刀ということだ

天の御子たち

ホオリVSホデリ…仕組まれた兄弟対決

　帰ってきたホオリは細かくワタツミの教え通りにして、釣針を兄のホデリへ返した。そののち、ホデリは段々と貧乏になり、そして心が荒んでホオリのところへと攻めてきた。ホオリは兄が攻めてきた時には塩盈珠で溺れさせ、困り果てた兄が許して欲しいと願えば塩乾珠で救った。

 あーホデ兄ちゃん乗せられちゃった……。ダメだってホオちゃんヒキョー道具持ってんだからあ

 それに加えて、針を返す時にしろと言われた呪いの言葉を覚えているか？『憂鬱な釣り針、凶暴な釣り針、貧乏な釣り針、愚かな釣り針』というやつだ。呪いをかけられた道具を返されたせいで、ホデリはその通りに行動してしまったのだとも言える

 う〜わ、何重もの罠だあ！　ワタっさんコワあ

　こうして悩み苦しめられたホデリは、弟のホオリへ地面に頭をつけて、
「私めはこれから、あなたさまを昼も夜も守護する者としてお仕えします」
と言った。そうして今になるまで、ホデリの子孫である隼人一族は、溺れた時の仕草を芸として絶えず伝えて、天皇家に仕えている。

 ここまで来るとホデ兄ちゃんのほうが可哀想なんですけど！　溺れた時の仕草を芸ってさあ。『私のご先祖さまは昔、こん

な風にご主人さまにやられたんですよ〜』ってことでしょお。ずっとそれ伝えるって、なんかかわいそ

ん〜……これは言わば、天津神(あまつかみ)の跡継ぎ争いの話ではあるから、可哀想という次元の話でもないのだが。従わされた他の豪族も、こういったいわゆる服従の儀式をさせられていた者たちはいたようだ

しかしま〜、思い返してみたら？　弟にお気に入りの釣針無くされて、文句言ったら3年行方不明になって待たされて、100倍返しくらいされてるよねこれ？　ひっど

姉上の子孫、割と容赦ないところがあるというか……容赦ない性格を継いだ者が上に立つというか……

天の御子たち

海の女神の出産…イザナミ以来の覗き禁止

　このころ、海の神ワタツミの娘であるトヨタマビメは、自分から地上にいる夫ホオリのところにやって来て言った。
「私、子供が出来て出産日がもうすぐなのです。考えたんですけど、天津神のお子さまを海で生むのも良くないと思って、やって来ました」

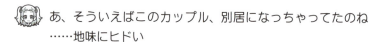
あ、そういえばこのカップル、別居になっちゃってたのね……地味にヒドい

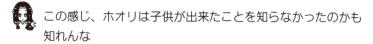
この感じ、ホオリは子供が出来たことを知らなかったのかも知れんな

思い切りお兄ちゃんと喧嘩してたんだもんね。ダメじゃん！

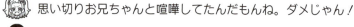
まあそう言うな。争いに身重の妻を巻き込みたくなかったのかも知れんだろう。書いてないから分からんのだが

　そうして、海岸の波打ち際に、鵜の羽根を屋根のかやにして子供を生むための産殿を作った。

かや？　茅葺き屋根のこと？

その通り。乾燥させたススキなどを重ねて作る屋根だな。島根にはまだそれを使った家があるだろう

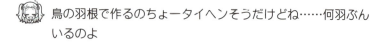
鳥の羽根で作るのちょータイヘンそうだけどね……何羽ぶんいるのよ

196

しかし、屋根がまだ出来きらないうちに陣痛が始まり、トヨタマビメは我慢できず産殿に入った。そしていざ出産という時、トヨタマビメはホオリへ向けてこう伝えた。
「だいたい他の国の人は出産の時、自分の国にいる時の姿で生みます。なので、私も元々の姿になって生みます。お願いですから私の姿を見ないで下さいね」

 これ見るやつだ

 おい、先の展開を言うのではない。なんだ、予習しておったのか？

 してないけど。でもだってゼッタイホオちゃん見るでしょこれ。鶴の恩返しパターンじゃん？　イザナギパパもやったやつ。あれ

 ええい、話の段取りというものがだなぁ……まったく

 ところでさ、この『他の国』ってワタっさんの海の国ってことでいいの？

 それでいい。ここで言う国とは、人々の国々ではなく、別の世界のことだな。つまり海神の娘であるトヨタマビメには、真の姿がある

 おお……ドキドキすんね

　ホオリは妻の言葉を不思議に思い、いよいよ出産する時にこっそり覗き見すると、なんとトヨタマビメは八尋のワニとなって、這いながらのたうっていた。これにホオリは驚き恐れおののいて逃げてしまった。

ほら見た、予想通り〜！　しかも逃げちゃった。ナギパパと一緒！　フォローくらいしなよほんと……

まったくもう。その『どうだ』みたいな顔をやめんか

いやでもトヨちゃんハひろ……えーと、一尋が1.5mくらいだったっけ？　んじゃかけ8で〜、12m！　すっっげでかいサメ。ジョーズよりでかい。メガロドン？

なんだそれ。あ〜、かつてそのような巨大なサメがいたかはともかく。前に言った通りハには『たくさん』という意味がある。というわけで、単に大きなサメという意味かも知れん

もっとでかいかもってこと？　ひええ

　トヨタマビメは夫が覗き見たことを知って、恥ずかしく思って子供を生んだままに置いていってしまった。そして、
「私はずっと海の道を通って、行き来しようと思っていました。でも、貴方は私の本当の姿を覗き見られました。それがとても恥ずかしいのです」
　こう言って、海の坂道をふさぎ、海へ帰ってしまった。

じ、実家に帰らせていただきます……！

見てはならぬという禁忌(きんき)を破ってしまい、別れることになってしまう。この辺りも、我が両親に似ているところだな。もっともあの時よりは穏やかだが……

ナギパパとナミママはスケールがデカすぎるんだよ〜

　こういった理由で、生まれた御子を天津日高日子波限建鵜葺草葺不合命(あまつひこひこなぎさたけうがやふきあえずのみこと)という。

ちょっ……長……長ーーーーーい！！ おじいちゃんのニニギんも長かったけど、さらに長いじゃんか！ なにかんがえてんの！

 確かに長い。だがこの名前は『波』や『鵜』『葺』『不合（会えないこと）』など、この話を象徴する文字が並んでいるのだ。意味のある名前だぞ

 いや意味あってもさあ……全ぶっ込みってどうなの～？

お母さんに会えない僕です……さみしいよ～タマヨリおばさ～ん

ウガヤフキアエズ
（ウガっちゃん）

天の御子たち

夫婦の歌…別れても想い合う二柱、愛の歌

　しかしそののち、トヨタマビメはホオリの覗き見するような心を恨みはしたが、恋心は我慢できず、置いていった子供を育てるため妹の玉依毘売を地上に送り、彼女に預けてホオリを思う歌を送った。その歌は、このようなものである。

『赤玉は　緒さえ光れど　白玉の　君が装し　尊くありけり』

（訳：赤い宝石は　通す紐緒も光らせるほど美しいけれど　真珠のような　あなたの姿こそ　本当に尊いものです）

 わあ、ラブレターだ……！　宝石に負けないくらいカッコいーよってことね！

 そのような具合だな。この赤玉は琥珀と言われる。古代日本でも使われていた

 自分の代わりに妹ちゃん送ってきたのね。わたしも前に親戚の子の面倒見たな〜

　それを受け取った夫のホオリも、答えて歌を返した。

『沖つ鳥　鴨着く島に　我が率寝し　妹は忘れじ　世のことごとに』

（訳：沖の鳥である　鴨が降りてくる島で　私が誘ってともに寝た愛しい女は忘れない　この世が終わるまで）

おお〜、ホオちゃんも熱烈なの返すじゃん！　ところで、鴨ってなんで？

 鴨は古代日本から食べられていた親しみ深い鳥なのだ。同時代の書物にも出てくるぞ

 それにしても、お互いに気持ちは残ってんだねえ。同じよーなことしたナギパパとナミママの別れ話とはえらい違いだわ……

 んん……まあ、ほら、なんだ。それ以上言ってくれるな。そっとしておけ

　そうして、ヒコホホデミノミコト（日子穂々手見命）は高千穂の宮殿に五百八十年の間いた。御陵はその高千穂山の西にある。

 だれこれ

 思い出せ、ヒコホホデミノミコトはホオリの別名だ。コノハナノサクヤビメが火の中で生んだ場面で出ていただろう

 そだっけ、えへへ……。うわ、それにしてもホオちゃんめっちゃ長生きしたね

 本来天津神に寿命は無い。これはコノハナノサクヤビメの姉、イワナガヒメとの結婚を断ったためだな

 あ〜あったね〜、そんな話。それでも六百年くらい生きちゃうのかあ。神さまやっぱパないわ

> 天の御子たち

神倭伊波礼毘古…ついに初代天皇登場

　この（トヨタマビメが生んだホオリの子）アマツヒコヒコナギサタケウガヤフキアエズ（天津日高日子波限建鵜葺草葺不合）は、叔母に当たるタマヨリビメ（玉依毘売）を妻にして、生んだ御子の名前は五瀬命。次に稲氷命。次に御毛沼命。次に若御毛沼命で、この別名は豊御毛沼命、さらに別名は神倭伊波礼毘古命。この四柱である。

えっ！　赤ちゃんのころから育ててくれた叔母さんをそのままお嫁さんにしちゃったの！？　わ〜、どんな気持ちなんだろ……どきどき

うむ。おばを妻に迎えるというのは、古事記ではなかなか珍しい。歴史上の天皇家の中にはいくつか見られるがな。育てられるうちに情が湧いたのかもなぁ

うひゃ〜、昼ドラの世界だわ。……そういえばさ、タマちゃんてトヨちゃんの妹さんなわけだよね？　じゃあやっぱり本当の姿ってサメなのかな？

ん〜……その可能性はあるだろうな

じゃあさ、天皇さんのご先祖って、一回は3/4くらいサメになっちゃってるってことなんじゃないの？

変なところに気付く奴だなぁ！　あくまで主体は天津神の血筋である。問題ない。それにだ、こういった伝承は異なる種類の生物との結婚——異類婚姻譚と言って、世界中様々にある。ホオリとトヨタマビメはその典型的な話と言えるだろう

202

- あー、狐とか鶴とケッコンみたいな話、昔話とかでもあるもんね
- さらには、妹のタマヨリビメは竜神として祭られている神社もある
- 竜神！　すごいかっこいいじゃん！
- やれやれ、困った娘よ。八尋のワニにしろ、竜神にしろ、強い水の力を持つ神であることには変わりないのだ。ちゃんと敬うがいい
- うっ……は〜い
- ともあれ、これで天皇家の血筋には、天上の支配者であるアマテラス姉上と別天津神（ことあまつかみ）であるタカミムスビさまに加え、地上の国津神（くにつかみ）の中でも山の支配者オオヤマツミ、海の支配者オオワタツミの血統が入ったということになる。つまりは天と地と海から認められた一族ということだ
- おお……サイキョー感すごい。超ハイパーウルトラいいトコの子だ！

　なお、ミケヌ（御毛沼）は波の上を飛び跳ねて常世（とこよ）の国に渡り、イナヒ（稲氷）は母の国だからと海原に入っていってしまった。

- まあこうしてそのいいトコの子二柱は家出してしまうわけだが
- えええええええ……あれ、でもこのトコヨの国ってどっかで前出てなかった？
- うん。出ている。かつてオオクニヌシを助けて国作りをしたスクナヒコナが引退した先が常世の国だ

あ、それか。しかしイナくんのほうは海に入ってったって……これ自殺なんじゃ

い、いや、無事にワタツミの宮殿へたどり着いたと思うぞ。きっと。そう信じようではないか。……おほん。さて、これで古事記の上巻、いわゆる神々の話はおしまいだ

えっ、そうなんだ。じゃあ、ツッキーの授業も終わりかあ。ちょっと残念かも

中巻より先はイワレビコ（神武天皇）による東への戦い――東征が描かれ、天皇家へつながっていく。神々も顔を出しはするものの、ここより先の主役は汝ら人だ。興味があれば読んでみるがいい。講義はここまでだ

私が主役の話は中巻からだぞ。みなの応援があれば、次に語られる機会があるかもな

イワレビコ
（カミヤマくん）

エピローグ

「学舎でやるというのはここまでであったな」
「うん……」

　月読が本を閉じて立ち上がる。それを紬紀は静かに見上げる。その様子に、月神の美眉が少し曲げられた。思金が心配の声を投げてくる。
「元気がないですね、紬紀ちゃん」
「いや～、その、ね。ツッキーとオモカネちゃんとお話しするの楽しくなって来ちゃったから……えへへ。さびし」
　照れくさげに頭をぽりぽりとやる紬紀。月読は吐息をひとつ。思金の表情は優しい。
「私もお話しできて、楽しかったですよ。普段は人のお願いを聞いてばかりですから」
「勉強だというに、まったく。──だが、汝はそれなりに良い生徒ではあった」
「そっかあ。でも、わたしも勉強はこれ以上やだな。いひひ」
　顔を見合わせて、二柱と一人は笑った。紬紀も強いて元気よく立ち上がる。
「とりあえずこれで課題はなんとかなる……と思う！　ありがと、ふたりとも！　さよならー！」

　ぶんぶか手を振って去っていく少女を見やって、月読と思金は各々苦笑し、微笑む。
「二人でなく二柱だ、柱。我々は人ではないと言うに、まったく」
「……でも、本当に。私も久し振りに楽しかったんですよ、こういうの。月読さまはいかがでした？」
「たまには、と言ったところか。あの娘がこれより先、多少は我々を敬うようになれば甲斐もあったというものだが」
「あの様子だと、敬意というよりは親しみ、ですかねえ」

軽く笑って首を振る月読。
「ともあれ、終わりだ。これでまたしばらくは、人の子と会うこと
もあるまいよ」

　その、二週間ほどもあとである。
「ツッキ〜〜〜〜〜〜！！！！！　だずげで〜〜〜〜〜〜！！！！！！！」
　津久豆美神社の本殿前に、縋り付かんとばかりの女子が一人。言
うまでもないが、元田紬紀である。そのまま、数分。夕暮れ前の境
内で、ぴいぴいと彼女がわめいている。
　だが。何事かと社務所から出てきた神主は、本殿前の様子を見て
にこりと笑い、茶の用意をしに中へ引っ込んだ。
「………………………なんだ」
　凄まじい苦り顔で、月神が少女の前に現れていた。声に、がばり
と紬紀が顔を上げる。
「ツッキ〜〜〜〜〜〜〜！」ば、と抱きつこうとして彼女はほっぺ
たをぐいと押し返される。
「や・め・ん・か。神に気安い奴め。ええい、何事だ」
　ぐいぐいやられながら、少女が告げる。
「せんせーがさ〜！　なんか私がスラスラ答えるもんだから調子に
乗っちゃって！　つぎ、古事記の中巻やるって〜！　たすけてよツ
ッキーえも〜ん！」
　半分予想した答えに。
　月読が（降りてくるのではなかったか……？）と思いつつ下方へ
やった目が、鏡に映る眼鏡姿の神を捉えた。にこにこと笑っている。
（どうされますか？）と思金のその目が問うている。
　月読は視線を戻す。神にとってはほんの僅かな時の流れ。ほんの
一月ほど前に出会った少女が頰を押され、面白い顔をして半泣きだ。

───────────
津久豆美神社：実在の神社をモデルにしてはいるが、架空の神社です。月読命を祭る。

（――所詮は、瞬きの間のことか）
　諦めて、月読は笑った。

この本に登場する主な神さまと人物

※神名・人名のあとにあるカッコは紬紀ちゃんによるあだ名です。

1 天照大御神（アマテラ姉ちゃん）

高天原の最高神。三貴子の一柱で、父イザナギに天を治めよと委任された。太陽を表す神で、弟スサノオの乱暴に耐えきれず天岩戸へ引きこもった際には世界が夜に包まれた。のちには葦原中国を征服するために様々な神を葦原中国へ降ろした。家族に超甘く、弟スサノオが高天原に来た時には一度警戒するものの、和解後は彼の乱暴にも弁解してかばってしまう。また、葦原中国へ降ろす自分の子や孫の要望に逐一応え、過保護なくらいにあれこれ世話している。

2 天宇受売命（ウズさん）

天岩戸事件で登場する神で、踊りや技術・芸能の神とされる。天岩戸では集まった神々を喜ばせるため、いわゆるストリップショーのような踊りを見せ、場を大いに沸かせた。天孫降臨の際には葦原中国へ降りるニニギに従い、サルタヒコと結婚し「猿女」の名前を継いだ。踊りだけではなく「面と向かえば顔で勝つ」という能力を持っている。あまりに美しいからなのか、それとも眼力がすごいのだろうか。

3 正勝吾勝々速日天之忍穂耳命（ミミさん）

名前が長い。アマテラスとスサノオの「誓約」によって勾玉から生まれた子。国譲り神話において、最初に母アマテラスから地上を支配せよと命じられた神。しかしアメノオシホミミは地上の様子を見て「えらく騒がしい」と母親のアマテラスに泣きつき、すったもんだの末にアマテラスたちが地上を平定したあとには「待ってる間に子供が生まれたので彼に行かせます」として役割を子供のニニギに押し付け……ではなく、譲った。

4 天之御中主神（ミナカっちゃん）
あめのみなかぬしのかみ

　日本神話における最初で最上位の神さまの一柱。名前が示す通りに、天の中央・根元を現す存在だと考えられている。造化三神、別天津神（最初に現れた五柱の神さまの総称）の一柱でもあり、この世そのものの始まりに関係する特別な神さまとされている。神々の最上位に置かれながらも謎めいた神で、同じ造化三神のタカミムスビやカミムスビのように、あとになって活躍したりもしない。ただ天の中心にいるとされる神。

5 天若日子（アメワカくん）
あめわかひこ

　葦原中国を服従させるために高天原から二番目に送られた神。天界の弓矢を与えられたが、オオクニヌシの娘シタテルヒメと結婚して八年も高天原へ連絡をしなかった。婿入りすることで地上を手に入れようとしたとされる。何をしてるのか聞きにきた、高天原からの使いであるナキメも、侍女のアメノサグメの勧め通り射殺してしまった。相手の話はよく聞いたほうがよい。そのため、高天原にいるタカギの還し矢によって胸に矢が当たり死んでしまう。彼の葬送の様子は記録に残された古代の葬式作法でもある。

6 伊邪那岐（ナギさん、ナギパパ）
いざなぎ

　神世七代の最後に現れた神で、日本国そのものや、その後のたくさんの神々を生んだ父神。……なのであるが、国生み・神生みを終えたあとは妻・イザナミの死因となった子のカグツチを怒りにまかせて斬り殺してしまったり、妻に会いに黄泉国に行ったはいいものの死後の妻の姿に恐れて逃げ帰ったり、働かないスサノオを勘当したりと勢いで行動するようなお話が多い。現代で言うDVや夫婦喧嘩、離婚を息をもつかせぬ展開で見せてくれる。落ち着け。

209

7 伊邪那美（ナミさん、ナミママ）

　イザナギの夫婦神で、彼と共に日本国や神々を生んだ母神。黄泉津大神でもある。神生みにて火の神であるカグツチを生んだことにより、性器を火傷して死んでしまう。その後は黄泉の支配者になったようで、黄泉国から逃げ帰ったイザナギを怒って追いかけ、最後にこの世の人間たちが死ぬ原因であるとされる「一日に1000人をくびり殺す」宣言をする。怖い。というか夫婦喧嘩でそんなこと決めないでほしい。

8 因幡の白兎（ウサギん）

　オオクニヌシ神話の中で現れる兎。隠岐島出身。本土へ渡る際にワニ（サメ）たちを騙して使い、最後にその嘘をばらしてしまったことで逆襲され、皮を剥がされた。詰めが甘い。ヒリヒリして困っていたところへ現れた八十神に嘘の治療法を教えられさらに苦しむが、オオクニヌシに助けられる。予言の能力を持つのか「ヤガミヒメは兄の八十神ではなくオオクニヌシの妻になる」と予言した。そんなことができるなら自分の身の危険も占えばいいのに……。

9 石長比売命（イワちゃん）

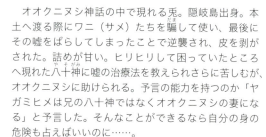

　オオヤマツミの娘。コノハナノサクヤビメの姉であり、天孫であるニニギへ嫁入りする妹と共に嫁入りした。しかし、容姿が醜かったために彼女だけ送り返されてしまう。ニニギ、割とひどい。しかし、イワナガヒメは石のような永遠をもたらす存在だったために、ニニギの子孫――つまり神の子孫である天皇家に寿命が生まれてしまった。それ知ってたらニニギも多分送り返さなかったのではなかろうか。先に言っとこうよオオヤマツミさん。

10

天津日高日子波限建鵜葺草葺不合命
（ウガっちゃん）

　名前が長いシリーズ最後にして最長記録。生まれた時の事件を表す名前となっている（本編参照）。ホオリとトヨタマビメの子。実家に帰ってしまった実母が養育のために送った妹・タマヨリビメにより育てられ、そのまま彼女を妻にしてしまった。なかなかロマンのある話であるが、妹が子供の嫁になったトヨタマビメさんの心境如何に。のちの神武天皇であるイワレビコを含め、四柱の子供を生んだ。

11

大国主神（オオちゃん）

　そのほか、大穴牟遅・葦原色許男・八千矛・宇都志国玉・大物主。たくさんの名前、たくさんの妻を持つ神。葦原中国の神、国津神の代表的存在で、若いころにいくつもの試練を、多くの神々の支援の元乗り越え、地上の支配神となり、国を作った。助けられ過ぎな気もする。しかしそうやって作った国も、のちにアマテラスたち高天原の神──天津神へと譲り渡すことになってしまうのであった。ちょっとかわいそう。あと、かなり女（神）遊びが激しく、本妻との夫婦喧嘩〜仲直りの歌まで現代に伝わってしまった。

12

大宜都比売神（オオゲツちゃん）

　食物の神。イザナギとイザナミの国生みで、粟国（徳島県）の別名として登場する神。高天原を追放されたスサノオに食べ物を求められたが、食べ物を出す方法が目鼻や口、尻からだったため、汚らわしいと殺されてしまう。災難。その死体から様々な穀物が生まれ、カミムスビがこれを取って地上の種とした。また、ほぼ同名の神がスサノオの子孫であるオオトシの子孫のお嫁さんに見られる。これが同じ神なのかは不明。多数の伝承をまとめて再構成したのが古事記ゆえ、こういうこともある。

⑬ 大年神（トンドさん）
<small>おおとしのかみ</small>

　スサノオの子。古事記にはこの神の系譜が記されている。田んぼ、穀物の神として民間に重視されている神。各地で祭られており、正月に民間行事として「とんどさん」と呼ばれて行事が行われている地域が今現在も多くある。本書の舞台になっている島根県松江市美保関町もしかりで、地域によっては7mほどある祠を浜辺に作ってお祭りし、フィナーレは早朝に豪快に燃やす。冬のことなのであったかい。
紬紀「わたしも小学生の時やった！　めっちゃ燃えてテンション上がんの！！」

⑭ 大山津見神（オーヤマさん）
<small>おおやまつみのかみ</small>

　イザナギとイザナミの神生みにより生まれた神。山の神さまの大元締めであり、この神からまたたくさんの神が生まれている。山の神であるので、水や田んぼの神さまとしても信仰された。地上の葦原中国（あしはらのなかつくに）で暮らしている。天孫降臨において葦原中国にやって来た兄妹の孫であるニニギ（妹にあたるアマテラスの孫である）に、自分の娘であるコノハナノサクヤビメ、イワナガヒメを嫁入りさせた。だが、姉のイワナガヒメだけ送り返されてしょんぼりした。

⑮ 思金神（オモカネさん）
<small>おもいかねのかみ</small>

　本書にて解説を担当してくれる神さま。知恵の神。多くの思い（考え）を兼ねる神、とされる。タカミムスビの子供でもある。古事記では、天岩戸に引きこもったアマテラスを出すための作戦を立てたり、国譲りや天孫降臨においてアマテラスのブレイン役を務めるなど、その名に相応しい活躍をする。……が、国譲りでは何度か「この神なら！」と推薦した神さまが失敗してしまったりもしている。大孫であるニニギと共に地上に降りた。

16 火之迦具土神（カグツチ）

イザナミが最後に腹から生んだ神さま。名前の通り火の神さまで、そのためにイザナミは性器を火傷し死んでしまった。カグツチ自身もまた、妻が死んだことによりブチ切れたイザナギの剣で殺されてしまう。DV良くない。火傷により苦しむイザナミの吐瀉物や尿、斬られたカグツチの血や死体など、彼がきっかけで生まれた神もまた数多くいて、火というものがどれだけ当時の人たちに重要だったかが見て取れる。事実、現在もあちこちで信仰されている神さまである。

17 神産巣日神（カミムー）

この世の始まりの神である造化三神、また別天津神の一柱。タカミムスビと同じく、名前の「むす」は生成を意味すると言われており、研究者にはタカミムスビと対の神とされたり、一心同体の神とされたりした。オオクニヌシを蘇生するための神を使わしたり、子供であるスクナヒコナをオオクニヌシの補佐役に付けたり、国譲りの際の祝詞に名前が出るなど、オオクニヌシをあれこれ助けた。部下や子供を派遣する辺りは引退した神っぽい。

18 櫛名田比売命（クッシー）

ヤマタノオロチに年々食べられていく八稚女、その最後の一柱。名前の意味としては「良い田の神」である。オオヤマツミの孫らしい名前。自らもヤマタノオロチの犠牲になるところを、現れたスサノオにより助けられ、その妻となる。ヤマタノオロチとの戦いの時には、櫛へと姿を変えられて、スサノオの髪に隠されていた。急に変身能力とか出してくるスサノオである。彼女の六代のちの子孫がオオクニヌシである。

19 事代主神 (コトさん)

オオクニヌシの子。葦原中国において父の跡継ぎとされていた。国譲りについて、父とタケミカヅチに答えを求められたコトシロヌシは、すぐに服従すると言い、自分は乗っていた船をひっくり返し、逆さまに手を打って船を青柴垣に変え、その下に隠れてしまう。いささか弱気に感じられるのだが、地上と天上の力の差を正しく理解していたとも言える。託宣（お告げ）の神として、父親に重んじられていたと考えられている。

20 木花之佐久夜毘売命 (サクヤちゃん)

オオヤマツミの娘。高千穂に降りたニニギに求婚され、父親の許しを得て、ニニギの妻になった。ニニギと一夜を共にして妊娠したが、そのためニニギに「一度で出来るとは本当に自分の子か」と疑われてしまう。これに怒ったコノハナノサクヤビメは「国津神の子なら天罰があるはずだろう」として、建物に火をかけてその中で三つ子を無事に生むというエクストリーム出産で潔白を証明した。気合の入り方が違う。こののちニニギは大層夫婦間の立場が弱くなったのではないだろうか。

21 猿田毘古神 (サルタっち)

ニニギが天から地上へ降りる時、天からの道の交差点で高天原と葦原中国の両方を照らして待っていた神。ニニギが降りてくると聞いて出迎えようと待っていた。このため、ニニギは彼を地上へ降りる案内役にした。地上に降りてからは、初対面の時にサルタビコに用件を尋ねたアメノウズメと結婚し故郷に帰った。なお、海に潜った時に貝に手を挟まれたうっかり話が存在する。「日本書紀」では「鼻の長さ七咫（1m以上）」となっており、天狗のような容姿が書かれている。

22 神倭伊波礼毘古命 (カミヤマくん)

第一代の天皇。神としての名前は神倭伊波礼毘古命。ウガヤフキアエズとタマヨリビメの子。四人兄弟の末子として生まれ、長兄の五瀬命と一緒に東へと進軍して、様々な敵軍を相手にして戦った。この辺りの話は古事記中巻の内容となる。

23 少名毘古那神 (スッくん)

国作りをするオオクニヌシの元に現れ、兄弟の契りを交わし共に国作りを行った神。最初は名前を聞かれても答えなかった（なので親のカミムスビに聞いた）。シャイなのだろうか。とても小さく、芋を割って作った船に乗り、蛾の皮で作った服を着ていた。『日本書紀』『出雲国風土記』などには様々なオオクニヌシとの仲良しエピソードが記されている。国作りの途中で常世国という理想郷へと渡った。

24 建速須佐之男命 (スッサー)

三貴子の末子。父イザナギに海を治めよと命令されるが、マザコンの気があるのか天地が轟くレベルで「母の国に行きたい」とずっと泣いていた。そのため父に追放されてしまうが、姉アマテラスの元に行った際にもあれこれ小学生レベルの大暴れをし、天岩戸事件の原因となり神々を困らせた。その罪で高天原を追放されたあとは一転して英雄的な性格となり、怪物ヤマタノオロチを退治し、出雲で多くの国津神の祖先になった。この性格差は、元は複数の伝説の神が同一視された結果だという説もある。

215

㉕ 須勢理毘売命(すせりひめのみこと)（スセちゃん）

オオクニヌシの正妻。夫の浮気には結構怒る。スサノオの直の娘であり、六代のちの子孫であるオオクニヌシとは親戚にあたるのだが、神さまなので問題ない。オオクニヌシとは一目惚れ同士で、出会ったその場で最後まで行ってしまった。落ち着こう。そりゃパパ怒る。父スサノオが夫オオクニヌシへと与える様々な試練を、呪具や道具を夫へ与えることで助ける。父が寝ている隙に駆け落ちまでやる辺り、かなり恋に生きる女神である。

㉖ 高御産巣日神(たかみむすひのかみ)（高木神(たかぎのかみ)）（タカさん）

この世の始まりの神である造化三神、また別天津神(ことあまつかみ)の一柱。名前の「むす」は生成を意味すると言われており、カミムスビと共にこの世の「生まれる力」を表している。そういう別格の存在であるが、子供もいるし、古事記においては『高木神』の別名で国譲りなどにおいて、アマテラスと高天原のトップ2として指導する。隠居したと書かれておきながらなかなかしない、別天津神の中でもひときわアクティブな神さま。

㉗ 建御雷之男神(たけみかづちのおのかみ)（タケミカさん）

高天原から地上を平定しに来た最後の神。武神であり、その出自もすごい。父・イツノオハバリ（伊都之尾羽張）は元々イザナギの持っていた剣であり、その父剣により斬られた火の神カグツチの血が剣から垂れて生まれたのがタケミカヅチである。生まれから強そう。地上に降りた際には、海に立てた剣の刃先に座って威圧しており、パフォーマンス力も侮れない。葦原中国(あしはらのなかつくに)のトップであるオオクニヌシとコトシロヌシを服従させ、タケミナカタを倒して従わせ、地上の平定を決定づけた。

28 建御名方神（タケミー）
<ruby>建御名方神<rt>たけみなかたのかみ</rt></ruby>

　オオクニヌシとヌマカワヒメの子とされる神。オオクニヌシの後継者の一柱だった。千人がかりで動かす石を軽々と持ち上げるパワーの持ち主。地上を平定しに来たタケミカヅチと力比べで事を決めようと持ちかけるが、相手の変身能力や腕力に完全に負け、投げ飛ばされ、諏訪湖まで逃げて命乞いし、高天原に従った。諏訪から動かないと誓ったため、日本中の神々が出雲大社へ集まる神無月でも、この神は出雲に来ないとされている。

29 天手力男命（タッチー）
<ruby>天手力男命<rt>あめのたぢからおのみこと</rt></ruby>

　天上世界の手の力が強い神、という名前まんまの神さま。天岩戸事件において、アマテラスを出す役割を与えられ、彼女が天岩戸から顔を出した際に、その手を取って見事岩戸から引っ張り出している。しかしタヂカラオのような剛力の神がその役割に当てられるとは、アマテラス、どれだけ踏ん張ると思われていたのだろうか。その後は天孫降臨の時、ニニギと共に同行する神の中にその名前があり、葦原中国に降りて伊勢神宮に祭られている神さまの一柱になっている。

30 月読命（ツッキー）
<ruby>月読命<rt>つくよみのみこと</rt></ruby>

　本書にて紬紀ちゃんに古事記を教えてくれる神さま。イザナギが黄泉から帰ってきた際に行った禊祓の最後に生まれた三貴子の一柱。夜の国の支配を任された月の神さま。仕事を放棄して好き勝手に暴れ回ったり地上に行ってしまうスサノオや、同じく仕事を放り出して引きこもったり地上侵略したりする姉とは違い、古事記では記述がほとんどない（『日本書紀』などにはエピソードが存在する）。真面目に仕事をしていたのだと思われる。天岩戸事件の時はずっと夜だったのでさぞかし大変だったことだろう。

217

31 豊玉毘売 (トヨちゃん)

オオワタツミの娘。海の国にやって来たホオリに一目惚れし、結婚した。地上へ帰った夫ホオリを追って、地上で出産しようとやって来る。出産の時は元の姿になるので見てはいけない、という約束を破ったホオリに、八尋（12mほど？）のワニ（サメ）である正体を見られ、これを恥じて子供を置いて海へ帰った。それでも夫への思いは残り、互いに歌を交わしたり、妹タマヨリビメを子供の世話に地上へ送ったりした。けなげ。正体の大きさ推定12mは、ホオジロザメより大きい。ジンベエザメかメガロドンのサイズである。また、竜神とする説もあり、妹の玉依毘売（タマヨリビメ）もまた神社によっては竜神として祭られている。

32 天津日高日子番能迩々芸命 (ニニギん)

父親（アメノオシホミミ）に似て名前が長い。天孫降臨の「天孫」とはアマテラスの孫である、このニニギのこと。唐突に親から地上支配の仕事を任された苦労神。とはいえお婆ちゃんのアマテラスも甘々なので、たくさんの神々をお付きにつけてくれた。九州の高千穂に降り立って国津神のコノハナノサクヤビメというお嫁さんも迎えるのだが、彼女の姉・イワナガヒメを家に帰すという判断ミスでのちの天皇家に寿命を作ったり、嫁の浮気を疑ってえらいことになったり結構やらかしている。

33 稗田阿礼 (アレーさん)

7〜8世紀の舎人（皇族や貴族の周辺で色んな雑務をする人）。見聞きしたものを何でも覚える特殊能力の持ち主……だったらしい。そのおかげで古事記を作るための資料を全部読んで、太安万侶に伝えろと無茶振りをされるのだから、才能も良し悪しである。実際は他にも大勢で編纂したかも知れないが、中心人物のひとりであることは間違いない。また、命を受けた時二十八歳だったらしいが性別など多くが不詳である。古事記成立のころは老人になっていることになる。

34 火遠命（ホオちゃん）

ニニギとコノハナノサクヤビメの子の末弟。山での漁を仕事にしており山幸彦の別名も持つ。兄の釣針を無くしてしまったことで責められていた時、海神オオワタツミの国へと行き、海神の娘・トヨタマビメと結婚した。三年暮らした海神の国で釣針も見つけ、海神の援助を受けて兄のホデリとの争いに勝利し天津神の後継者となった。ニニギがオオヤマツミの娘との婚姻によって地の力を手に入れたとするならば、ホオリは海の力を手に入れたと言える。それにしても、兄ホデリへの仕打ち（本編参照）はなかなか意地が悪い。

35 火照命（ホデ兄ちゃん）

コノハナノサクヤビメのファイアー出産により生まれた三つ子の長兄。海での漁を仕事にしており海幸彦の別名も持つ。弟のホオリがしつこく言うので、お互いの道具と仕事を交換したが、愛用の釣針を無くされてしまう。それに怒ったところ、三年待たされ呪いを付けられた釣針を返され貧乏になり、弟との争いに負け臣下になった。八十神ほど悪いことをしたわけでもないのに、さんざんな目に遭わされる兄である。しかし天津神の皇子であるはずなのだが、貧乏になった時親のニニギたちは援助してくれなかったのだろうか。

36 太安万侶（やっちゃん）

古事記を編集した奈良時代の人。元明天皇から稗田阿礼の読む『帝紀』『旧辞』を編集して歴史書を作れと命じられ、編纂した。要するに天皇家の歴史と全国氏族・地方の伝承を上手いことつなぎ合わせて、政権が正当であるような歴史書にしろと無茶振りされたのである。それを考えるととっても優秀で、たぶんめちゃくちゃ苦労した人。古事記で展開が少々無理矢理なところがあるのも無理はない。つじつま合わせは大変なのだ。

37 八十神（ヤソガミブラザーズ）

オオクニヌシの兄たち。八十は「たくさん」の意味。本当に八十いたらかなり面白いが。常に連れだって行動し、末弟のオオクニヌシを差別して扱っていた。さらに因幡白兎に嘘の治療法を教えたりと、一致団結して性格が悪い。ヤガミヒメにフラれたことでオオクニヌシに嫉妬し、執拗に殺害しようとした。そもそも集団でヤガミヒメに求婚して、OK出たら出たでどうするつもりだったのだろうか。のちに力を得たオオクニヌシにことごとく追い払われてしまう。

38 八岐大蛇（やまたのおろち）

古事記を語る上で外すことのできない大蛇の怪物。八つの首を持ち、八つの谷と山にまたがるほど大きく長く、腹は血でただれ、背には木々や苔が生えているというから、そのスケール感たるや余りにすさまじい。体長何十キロあるんだ。そんな図体でもお酒はそんなに強くないらしく、酔い潰れたところをスサノオに斬り殺されてしまう。また、尻尾には日本国の三種の神器である草薙の剣が入っていた。頻繁に氾濫する斐伊川を象徴した怪物という説がある。

39 大綿津見神（ワタッさん）

イザナギとイザナミの子。海の支配神。自分にとっては妹にあたるアマテラスのひ孫であるホオリをソラツヒコ……天神の御子として喜び、娘であるトヨタマビメを嫁入りさせて自分の家で盛大にもてなした。三年間。長いよ。三年後にようやくホオリが来た用事を聞き、義理の息子へ援助を約束して送り返した。水を支配する彼の守りと秘宝のおかげで、ホオリは兄との争いに勝っている。

巻末神さまリスト

国生みで生まれた神々

●大八島国（日本のこと）

・淡道之穂狭別島……淡路島。

・伊予之二名島……四国。この神は四つの顔を持つ。

　　　伊予国＝愛比売（愛媛）。

　　　讃岐国＝飯依比古（香川）。

　　　粟国＝大宜都比売（徳島県）。

　　　土佐国＝建依別（高知県）。

・隠伎三子島……隠岐の島。別名は天之忍許呂別。

・筑紫島……九州。この神も四つの顔を持つ。

　　　筑紫国＝白日別（福岡）。

　　　豊国＝豊日別（大分）。

　　　肥国＝建日向日豊久士比泥別（佐賀・長崎・熊本）。

　　　熊曾国＝建日別（宮崎・鹿児島）。

・伊岐島……壱岐島。別名は天比登都柱。

・津島……対馬。別名は天之狭手依比売。

・佐渡島……佐渡島。

・大倭豊秋津島……本州。別名は天御虚空豊秋津根別。

●還りの六島

・吉備児島……児島半島。かつては海に隔てられた島だった。別名は建日方別。

・小豆島……小豆島と推測されている。別名は大野手比売。

・大島……現在の場所は諸説ある。別名は大多摩流別。

・女島……姫島と推測されている。別名は天一根。

・知訶島……五島列島。別名は天之忍男。

・両児島……男島、女島と推測されている。別名は天両屋。

神生みで生まれた神々

・大事忍男神……大きなことを成し遂げたことの神。

・石土毘古神……土石の神。

・石巣比売神……土砂の神。

・大戸日別神……出入口の神。

・天之吹男神……天井の神。

・大屋毘古神……家屋の神。

・風木津別之忍男神……風の神。

221

- 大綿津見神……海の神。
- 速秋津日子神と速秋津比売神……水戸の神（水の神）。

　ハヤアキツヒコとハヤアキツヒメの二柱が生んだのが、次の水の状態を表す神々。
　　　沫那芸神
　　　沫那美神
　　　頬那芸神
　　　頬那美神
　　　天之水分神
　　　国之水分神
　　　天之久比奢母智神
　　　国之久比奢母智神
- 志那都比古神……風の神。
- 久々能智神……木の神。
- 大山津見神……山の神。
- 鹿屋野比売神（別名は野椎神）……山野の神。

　オオヤマツミとカヤノヒメの二柱が生んだのが、次の山野の風景を表す神々。
　　　天之狭土神
　　　国之狭土神
　　　天之狭霧神
　　　国之狭霧神
　　　天之闇戸神
　　　国之闇戸神
　　　大戸或子神
　　　大戸或女神
- 鳥之石楠船神（別名は天鳥船）……船の神。
- 大宜都比売神……五穀の神。
- 火之夜芸速男神（別名は火之炫毘古神、また火之迦具土神）……火の神。
- 金山毘古神
- 金山毘売神……この二柱、多具理（吐瀉物）より。鉱山の神。
- 波迩夜須毘古神
- 波迩夜須毘売神……この二柱、糞より。土の神。
- 弥都波能売神……尿より。水の神。
- 和久産巣日神……尿より。穀物の成長の神。ワクムスヒの娘は豊宇気毘売神と言い食物の神。

222

オオトシの系譜

●オオトシと伊怒比売との子。イノヒメは神活須毘神の娘

大国御魂神……国土の魂の神。

韓神……朝鮮半島の神。

曾冨理神……朝鮮の地名の神。

白日神……朝鮮半島の国、新羅の神。日の神とも言われる。

聖神……日を知る、つまり暦の神。

●オオトシと香用比売との子

大香山戸臣神……山里の神。

御年神……一年の穀物の神。

●オオトシと天知迦流美豆比売との子

奥津日子神……竈の神。

奥津比売命（別名、大戸比売神）……竈の神。

大山咋神（別名、山末之大主神）……鳴鏑（音が出る矢じり）を持つ神。近淡海国（今の滋賀県）の日枝の山（今の比叡山）に祭られる。または葛野（今の京都市）の松尾に祭られる。

庭津日神……広場、庭園の神。

阿須波神……足場、足元の神。

波比岐神……屋敷の神。

香山戸臣神……オオカグヤマトミと同じく山里の神と思われる。

羽山戸神……山麓の神。多くの子の神を持つ。

庭高津日神……ニワツヒと同じく庭園の神と思われる。

大土神（別名、土之御祖神）……土の神。

●ハヤマトと大気都比売神との子

若山咋神……小山の神。

若年神……穀物の成長の神。

妹若沙那売神……田植えをする女神。

弥豆麻岐神……灌漑の神。

夏高津日神（別名、夏之売神）…稲作の神。

秋毘売神……稲作の神。

久々年神……稲茎の神。

久々紀若室葛根神……材木の神、稲を収める建物の神。

スサノオの系譜

・八島士奴美神……広い国土を知る神。スサノオとクシナダヒメの子。
・大年神……穀物の神、歳の神。スサノオと神大市比売の子。
・宇迦之御魂神……稲と食べ物の神。兄はオオトシで、兄妹神。兄妹の母カムオオイチヒメは、オオヤマツミの娘。
・布波能母遅久奴須奴神……国を持つ神。ヤシマジヌミと木花知流比売の子。コノハナチルヒメもオオヤマツミの娘。妻は日河比売。彼女は淤迦美神の娘。
・深淵之水夜礼花神……深い淵へ水を流す神。フハノモヂクヌスヌとヒカワヒメの子。
・淤美豆奴神……大水の神。フカフチノミズヤレハナと天之都度閇知泥神の子。
・天之冬衣神……オミズヌと布帝耳神の子。フテミミは布怒豆怒神の娘。
・大国主神……アメノフユキヌと刺国若比売の子。サシクニワカヒメは刺国大神の娘。別名は穴牟遅神・葦原色許男神・八千矛神・宇都志国玉神。

オオクニヌシの系譜

・阿遅志貴高日子根神（別名、迦毛大御神）……美しい石畳の神、稲光の神、農耕の神。オオクニヌシとタキリビメとの子。
・妹高比売命（別名、下光比売命）……下界（地上）で照り輝く女神。アヂスキタカヒコネの妹神。
・事代主神……お告げの神。オオクニヌシと神屋楯比売命（建築の神）との子。
・鳥鳴海神……鳥が鳴き響く海の神。オオクニヌシと鳥取神（鳥を捕まえる神）との子。トトリは八島牟遅能神の娘。
・国忍富神……国を富ませる神。トリナルミと日名照額田毘道男伊許知迩神の子。
・速甕之多気佐波夜遅奴美神……クニオシトミと葦那陀迦神（別名、八河江比売）との子。
・甕主日子神……ハヤミカノタケサハヤヂヌミと前玉比売との子。サキタマヒメは天之甕主神の娘。
・多比理岐志麻流美神……ミカヌシヒコと比那良志毘売との子。ヒナラシビメはオカミの娘。
・美呂浪神……美しい波の神。タヒリキシマルミと活玉前玉比売神との子。イクタマサキタマヒメは比々羅木之其花麻豆美神（柊の神）の娘。
・布忍富鳥鳴海神……ミロナミと青沼馬沼押比売との子。アオヌマヌオシヒメは敷山主神の娘。
・天日腹大科度美神……ヌノオシトミトリナルミと若尽女神との子。
・遠津山岬多良斯神……アメノヒバラオオシナドミと遠津待根神との子。トオツマチネはアメノサギリの娘。

225

- 辺津那芸佐毘古神……同上。
- 辺津甲斐弁羅神……同上。

　この右手の手纏から生まれた三柱は海辺の神。

●体を洗うことで生まれた神々
- 八十禍津日神……体を洗った際、黄泉国でついた汗や垢が元になり生まれた神。

　たくさんの汚れと災いの神。
- 大禍津日神……同上。大きな汚れと災いの神。
- 神直毘神……黄泉国の災いを直そうとして生まれた神。災いを直す神。
- 大直毘神……同上。災いを直す神。
- 伊豆能売……同上。災いが直された神、災いの神と直す神の間に立つ神。
- 底津綿津見神……水底で身を清めた時に生まれた神。
- 底筒之男命……同上。
- 中津綿津見神……中程で身を清めた時に生まれた神。
- 中筒之男命……同上。
- 上津綿津見神……水上で身を清めた時に生まれた神。
- 上筒之男命……同上。

ウケイで生まれた神々

●スサノオの子（スサノオの剣から生まれたため）
- 多紀理毘売命……十拳の剣（スサノオの剣）から生まれた神。別名、奥津島比売命。天の安河の流れの神。宗像の奥津宮に座す。
- 市寸島比売命……十拳の剣から生まれた神。別名、侠依毘売命。神を祭る島の神。宗像の中津宮に座す。
- 多岐都比売命……十拳の剣から生まれた神。天の安河の流れの神。宗像の辺津宮に座す。

●アマテラスの子（アマテラスの勾玉飾りから生まれたため）
- 正勝吾勝々速日天之忍穂耳命……左のみづらの髪飾りから生まれた神。名前が長い。勝利を宣言する神。
- 天菩卑命……右のみづらの髪飾りから生まれた神。優れた日（火）の神。子のタケヒラトリは出雲国造を初めとして七つの部族の祖先。
- 天津日子根命……髪飾りの珠から生まれた神。日（火）の神。十二の部族の祖先。
- 活津日子根命……左手の珠から生まれた神。活き活きとする日（火）の神。
- 熊野久須毘命……右手の珠から生まれた神。神秘的な火の神。

イザナギがヒノカグツチを斬って生まれた神々

●剣から生まれた神
・石柝神……石の神。
・根柝神……石の神。
・石筒之男神……石槌の神。

　これら三柱は剣の先から岩の群に飛び散った血から生まれた神。
・甕速日神……火の威力の神。
・樋速日神……火の威力の神。
・建御雷之男神（別名は建布都神、豊布都神）……剣と雷の神。

　これら三柱は剣の鍔元から岩群に飛び散った血から生まれた神。
・闇淤加美神
・闇御津羽神……手に垂れて、指からこぼれた血から生まれた神。

　この二柱は谷の水の神。

●カグツチの死体から生まれた神
・正鹿山津見神……カグツチの頭から生まれた神。
・淤縢山津見神……胸から生まれた神。
・奥山津見神……腹から生まれた神。
・闇山津見神……陰部から生まれた神。
・志芸山津見神……左手から生まれた神。
・羽山津見神……右手から生まれた神。
・原山津見神……左足から生まれた神。
・戸山津見神……右足から生まれた神。

　これらはすべて山の神。

禊祓により生まれた神々

●身に着けていた品から生まれた神
・衝立船戸神……投げ捨てた杖から生まれた神。分かれ道に立つ神。
・道之長乳歯神……投げ捨てた帯から生まれた神。長い道行きの神。
・時量師神……投げ捨てた袋から生まれた神。時の神。
・和豆良比能宇斯能神……投げ捨てた衣から生まれた神。わずらわしさ、厄介さの神。
・道俣神……投げ捨てた袴から生まれた神。道の分岐点の神。
・飽咋之宇斯能神……投げ捨てた冠から生まれた神。開いた口の神。
・奥疎神……投げ捨てた左手の手纏（装身具）から生まれた神。遠ざかる神。
・奥津那芸佐毘古神……同上。渚の神。
・奥津甲斐弁羅神……同上。渚と沖の間の神。
・辺疎神……投げ捨てた右手の手纏（装身具）から生まれた神。

参考文献

- ・「古事記　神話と天皇を読み解く」菅野雅雄　訳・注釈　新人物往来社
- ・「あらすじで読み解く古事記神話」三浦佑之　文藝春秋
- ・「日本の神様読み解き事典」川口謙二　柏書房
- ・「口語訳古事記　完全版」三浦佑之　文藝春秋
- ・「イラスト版　読み出したら止まらない古事記」島崎晋　PHP研究所
- ・「ワイド版岩波文庫　古事記」倉野憲司　校注　岩波書店
- ・「日本の神々　神徳・由来事典」三橋健　編著　学研
- ・「新版古事記　現代語訳付き」中村啓信　訳注　角川ソフィア文庫
- ・「明解古語辞典　新版」金田一京介・金田一春彦監修　三省堂
- ・「新版　漢語林」鎌田正・米山寅太郎　大修館書店
- ・「古事記を読む」三浦佑之　吉川弘文館
- ・「図解雑学　古事記と日本書紀」武光誠　ナツメ社
- ・「『古事記』成立の謎を探る」大和岩雄　大和書房
- ・「古事記なるほど謎解き100話」瀧音能之　東京堂出版
- ・「現代語古事記」竹田恒泰　学研
- ・「面白くてよくわかる！　古事記」三浦佑之　監修　アスペクト
- ・「古事記小事典　古代の真相を探る」歴史と文学の会編　勉誠出版
- ・「古事記　ビギナーズ・クラシックス」角川書店
- ・「オールカラー　地図と写真でよくわかる！　古事記」山本明　西東社
- ・「史上最強カラー図解　古事記・日本書紀のすべてがわかる本」多田元　監修　ナツメ社

女子高生とツッコミながら読む古事記

2019 年 11 月 27 日　初版発行

著者	佐伯庸介（さえき ようすけ）
イラスト	一束（いつか）

編集	新紀元社 編集部
	須田 汎
デザイン・DTP	株式会社明昌堂

発行者	宮田一登志
発行所	株式会社新紀元社
	〒 101-0054
	東京都千代田区神田錦町 1-7
	錦町一丁目ビル 2F
	TEL：03-3219-0921
	FAX：03-3219-0922
	http://www.shinkigensha.co.jp/
	郵便振替　00110-4-27618

印刷・製本	中央精版印刷株式会社

IISBN978-4-7753-1790-7
定価はカバーに表示してあります。
Printed in Japan